Franz Stowasser
Hans-Georg Thumm

body & mind geographing

Eine Reise ins Coaching

A & O des Wissens

Umschlaggestaltung: Thea Sautter, Zürich
Satz: A & O des Wissens, Zürich
Figwen + mindscans® Hans-Georg Thumm
Druck: fgb · freiburger graphische betriebe
www.fgb.de

Printed in Germany

ISBN 3-905327-07-4

Inhalt

Die Autoren und der Verlag danken den folgenden Unternehmen ganz herzlich für ihre Unterstützung:

Best Consult AG, Basel und Freiburg i.Br.
Christian Engeler, Rüschlikon
Siebert & Tisch Consulting, GmbH, Frankfurt am Main
Innovision, CH, D
Vollack GmbH, Management und Beteiligungen, Karlsruhe
Goldschmidt und Straden, Bonn

Reiseplanung

Hallo und herzlich willkommen ...

... zu dieser Erlebnisreise, die Sie hier und jetzt starten. Vielleicht ist es ja eine weitere Reise, die Sie zu den vielen Erfahrungen und Erlebnissen Ihres Lernens und Veränderns hinzufügen.

Es mag sein, dass wir uns schon kennen, weil Sie bereits mit unseren Büchern experimentiert und gearbeitet haben. Sollten wir uns nun das erste Mal begegnen, so freuen wir uns auf eine interessante Zeit mit Ihnen.

An dieser Reise können zwei „Zielgruppen" teilnehmen: Einmal die der klassisch Reisenden, die gerne an die schönsten und ereignisreichsten Plätze und Orte geführt werden möchten, dort Erfahrungen sammeln und dann auf eigene Faust weiter erkunden. Für sie ist dieses Buch – wir nennen es einfach noch Buch, obwohl es viel mehr ist als ein normales Buch – ein Reisebuch ins Selbstcoaching. Es gibt Ihnen die Möglichkeit, berufliche und persönliche Themen zu bearbeiten und gleichzeitig eine Menge Neues über Coaching zu erfahren. Dies gelingt uns zusammen gut, wenn Sie die Übungen durchführen und die Ergebnisse im Alltag ausprobieren.

Zu der zweiten „Zielgruppe" gehören Menschen, die lernen möchten, andere Menschen an bestimmte Orte und Plätze zu führen. Wir könnten sie persönliche Reiseleiter oder Coach nennen. Diese Menschen lernen, die besten Plätze, die richtigen Routen und die sichersten Verkehrsmittel auszusuchen. Für sie ist dieses Buch ein Logbuch auf der Erfahrungsreise zu anderen Menschen.

Auf dieser Reise nutzen wir Gegensätzliches: Zeichnungen, spitze Strukturen und weiche Schriften, bewusst und unbewusst wirkende Metaphern, schwarzweiss und farbige Gestaltung, bemalte und freie Flächen.

Sie lernen in der Arbeit mit diesem Buch die Methode der *parallelen Assoziation®*. Diese wurde von uns entwickelt, weil wir immer mehr die Notwendigkeit spüren, Lernprozesse auf mehreren Dimensionen zu ermöglichen. Sie bietet Ihnen zum Beispiel beim Lesen einer Geschichte Assoziationen auf sprachlicher und visueller Ebene. Auch wir schreiben unsere Bücher nach der Methode der *parallelen* Assoziation. Wir sitzen an verschiedenen Orten und mailen uns die Texte zu, die dann vom Empfänger als Assoziationssprungbrett für weitere Gedanken und Ideen benutzt werden. Wir fügen immer hinzu und bereichern uns, den Text, und damit Sie.

Dieses Buch ist auf Interaktion und Tagesetappen angelegt. Wir animieren Sie auf sehr angenehme Weise, aktiv zu sein. Sie sollen aber auch an bestimmten Stellen überdenken, ausruhen und geniessen. Wir bieten Ihnen inhaltsreichen Stoff in kleinen Portionen. So bleiben Sie immer bei besten Kräften und können die Reise geniessen. Schon nach wenigen Tagen werden Sie feststellen, dass sich die Tour wohltuend bemerkbar macht. Das Buch ist zur leichten Orientierung und Bearbeitung in drei thematische Bereiche unterteilt: tracking – testing – travelling. Diese bilden selbstverständlich eine Einheit und durchdringen und ergänzen sich gegenseitig. Das Zusammenspiel dieser drei Formen nennen wir body & mind geographing. Wir nutzen Körper und Geist, um mit ihnen und in ihnen zu reisen.

Reisefiguren wie diese hier werden Ihnen auf fast jeder Seite begegnen. Nutzen Sie diese als Anregung für Kreativität und Mal-Lust. Gestalten Sie farbig, und bilden Sie „Figuren-Brücken“ als Merk-Hilfe.

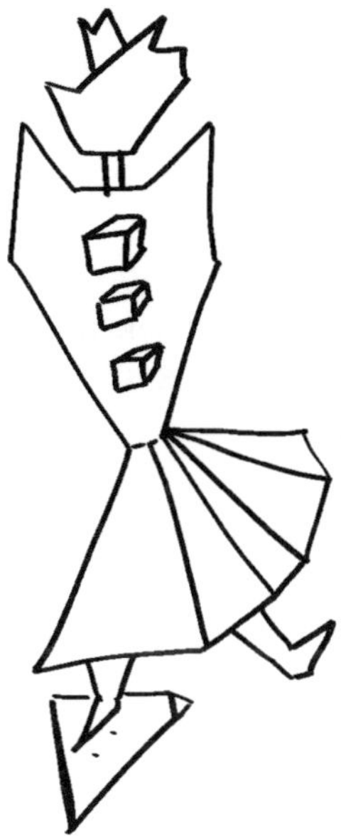

Das **tracking** beinhaltet Formen der Vsiualisierung. In diesem Buch stellen wir Ihnen eine Visualisierungsform vor, die gedankliche Pfade im besten Sinne des Wortes sichtbar macht. Diese können Sie alleine oder mit einem Partner durchführen, um persönliche Inhalte und deren Bedeutung sichtbar und damit bearbeitbar zu machen.

Das **testing** ist Ihr persönlicher LernNavigator®, ein Instrument, das bei keiner Reise fehlen sollte. Durch Ihren LernNavigator® erhalten Sie einen guten Einblick in Ihre Orientierungsmuster. Dies ist eine wichtige Information, um individuelle Stärken gezielt zu benutzen und ins Spiel zu bringen.

Ob Sie nun die Reise als Reisender in Sachen Selbstcoaching oder in Ausbildung zum Coach antreten, Ihr LernNavigator® liefert Ihnen wertvolle Daten.

Dadurch haben Sie Gelegenheit, Ihre bisherigen Lernvorlieben genauer zu erkennen. Mit dem LernNavigator® finden Sie leicht die Wege Ihrer Aufmerksamkeit, die Sie bislang mit Vorliebe benutzt haben. Fügen Sie dann im Verlauf des Buches zu diesen bisherigen „Lieblingswegen” neue Wege hinzu. Experimentieren Sie mit Bildern, Geschichten, Metaphern und bereichern Sie Ihre bisherigen Lernvorlieben.

Nachdem Sie den LernNavigator® ausgefüllt und Ihr Ergebnis erhalten haben, können Sie gezielt mit Ihren Schwerpunkten oder den Entwicklungspunkten arbeiten. Bitte senden Sie die Karte im Anhang des Buches ein, dadurch erhalten Sie über einen Vorzugspreis die Zugangsberechtigung zu www.LernSkillNavigator.com und können Ihren LernNavigator® anfertigen.

Beim **travelling** fliessen alle Verfahren zusammen und werden durch die Arbeit mit Steuerungsfragen als direkte Methode und mit Metaphern als indirekte Veränderungsmethode kombiniert. Eine Übersicht, welche Methoden und Inhalte – auch aus unserem ersten Buch *Coaching – das Flösserprinzip* finden Sie im Anhang.

Die Kombination von Lesen, Malen und Internet ist ein weiterer Grund, warum dieses Buch mehr ist und kann, als ein Buch herkömmlicher Art. Sie finden Visualisierungstechniken, Metaphern, wie Figuren und deren geographische Bewegung, Orientierungsmuster, Steuerungsfragen, und viele Beispiele zum Ausformulieren und Zeichnen.

LESEN

MALEN

PC

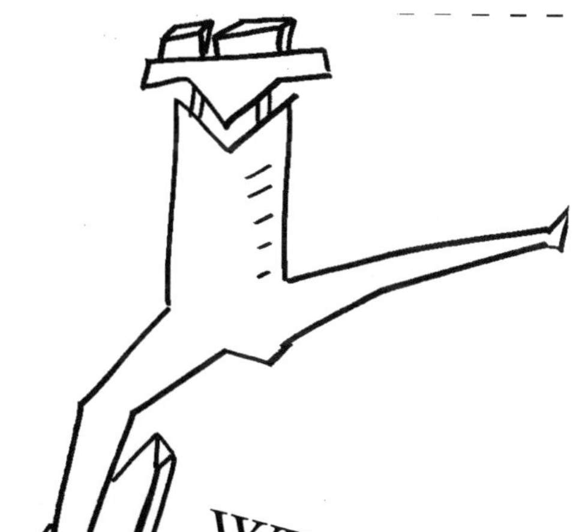

INTERNET

WWW.LERNNAVIGATOR.com

Auf der linken Buchseite befindet sich ein Übersichtsblock mit den Hauptthemen. Durch die Farbabstufung können Sie jederzeit erkennen, wo Sie sich befinden, was schon behandelt wurde, und worauf Sie sich noch freuen können. Auf der rechten Seite ist immer Platz für Figuren reserviert. Erwecken Sie diese mit Buntstiften und mit den im Buch angebotenen Visualisierungstechniken zum Leben.

Sollten Sie Kommentare, eigene Ideen oder Stichworte aus dem Text herausheben wollen, so ordnen Sie diese einfach den Figuren zu. Erleben Sie den Unterschied: Wenn Sie bisher mit Textmarker oder mit Unterstreichen gearbeitet haben, dann haben Sie das betont, was vorgegeben wurde. Wenn Sie nun die Figuren und die im Buch vorgestellten Verfahren benutzen, dann schreiben Sie parallel Ihr eigenes Buch.

Es gibt Reisende, die bereiten sich auf eine Reise vor, lesen einen Reiseführer oder besuchen Vorträge. Dann gibt es solche, die im Flugzeug noch schnell eine Broschüre über das Reiseland durchblättern. Es gibt auch jene, die sich total überraschen lassen. Zu welchem Reisenden Sie auch gehören, wir empfehlen Ihnen eine gute Vorbereitung – Sie erleben dadurch einfach mehr. Zur Reisevorbereitung dieser Reise passen die folgenden Fragen:

- Was interessiert sie am Thema Coaching?
- Was möchten Sie damit erreichen?
- Was ändert sich dadurch in Ihrem Leben?
- Was ändert sich dadurch im Leben anderer?
- Was möchten Sie bei sich verändern?
- Was möchten Sie anreichern?
- Was möchten Sie dazugewinnen?

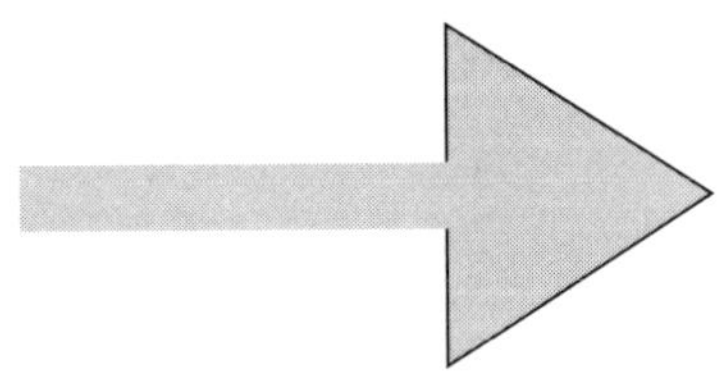

Sie können spezielle Coachingthemen bearbeiten – es können auch viele andere Themen sein, die für Ihr Leben, Ihren Beruf, Ihr Wohlbefinden wichtig sind. Je mehr Anregungen Sie haben, desto erfolgreicher wird sich diese Reise in Ihrem Leben auswirken.

Halten Sie Farbstifte bereit und seien Sie neugierig, damit das Buch zu Ihrem persönlichen Reiseführer wird. So und nun bitte anschnallen, vielleicht sogar das Rauchen einstellen? Gute Reise – und los geht's.

Antworten

- ____
- ____
- ____
- ____
- ____
- ____
- ____

tracking

Das Ausmalen der Figuren mit Farben in Kombination mit dem Lesen wird Sie einerseits an das Lebensalter erinnern, in dem Sie leicht und mit Freude gelernt haben; zudem gibt es Ihnen die Möglichkeit, auf einer unbewussten Ebene Formen und Farben zu verbinden und somit Inhalte auf andere Weise darzustellen. Freuen Sie sich über eine aufkommende Mal- und Zeichenlust.

Wenn Sie Ihre Kritzeleien auf der Schreibtischunterlage nach einem Telefonat anschauen, dann wissen Sie genau, um was es hier geht. Eventuell hat sich Ihre Schreibtischunterlage bereits zum Kunstwerk entwickelt und jetzt erkennen Sie dies. Diese Mal- und Zeichenlust steckt noch in jedem von uns, also nützen und kultivieren wir sie jetzt. Machen Sie einfach mit - Sie sind noch viel kreativer als Sie denken!

Lassen Sie sich anregen, nicht nur rezeptiv, sondern auch produktiv zu lernen. Indem Sie malen, schaffen Sie innerliche Verbindungen zum Thema und mehr noch, Sie verknüpfen das Thema mit Ihren Assoziationen. Sie verändern dadurch Ihre Welt.

Der Text in diesem Buch ist absichtlich einfach und kurz gewählt, darüber hinaus verwenden wir weitgehend kreative englisch klingende Ausdrücke wie figuring, picturing, chunking, associating, tracking, testing, travelling und mindScan damit Ihre Gedanken angeregt werden und Sie sich entfalten können. Arbeiten Sie in Ihrem Tempo. Sie können die Figuren betrachten und sie intuitiv bearbeiten oder bewusst Ihren inneren Zustand abbilden: Vielleicht wollen Sie einmal exakt in den vorgegebenen Linien bleiben und dann auch mal dynamisch darüber hinausfahren. Es ist möglich, die eigene Stimmung durch Farben auf eine geeignete Figur zu über-

tragen und auch den Ausdruck, die Eleganz und die Dynamik von einer Figur aufzunehmen.

Es kann sich eine zusammenhängende Geschichte im Buch entwikkeln, und es ist möglich, nach Lust und Laune Kontakt zu jeder einzelnen Figur aufzunehmen.

tracking
figuring
picturing
chunking
associating
testing
LernNavigator
Orientierungs-
muster
travelling
Steuerungsfragen
Metaphern
König
Flösserprinzip
Geographie
Ensemble
Bagua

Das parallele Ausmalen der Figuren zum Lesen ist die assoziativ-indirekte Form, vergleichbar mit dem schon erwähnten Kritzeln auf der Schreibtischunterlage während des Telefonierens. Der Prozess der Datenaufnahme und -verarbeitung wird dadurch auf jeden Fall angenehmer und intensiver. Sie regen durch Figuren und Farben die Produktion innerer Bilder an, was Ihnen hilft, den Stoff besser und schneller zu verstehen und zu behalten.

Das zentrale Anliegen dieses Buches – wir werden das immer wieder erwähnen – ist, innere Prozesse aussen sichtbar und damit „bearbeitbar" zu machen.

Beim Bemalen der Figuren geben wir undefinierte innere Prozesse nach aussen. Wir definieren und schaffen so eine indirekte Veränderung.

Coaching reorganisiert Erfahrung

Im Coaching möchten wir es gerne konkret haben. Was kann von innen nach aussen transportiert werden?

- *Gedanken*
- *Gefühle*
- *innere Prozesse*

Gedanken können wir aussprechen, aufschreiben, ausmalen und durch Verhalten ausdrücken.

Gefühle können wir ebenfalls aussprechen, aufschreiben, aufzeichnen und durch Verhalten ausdrücken.

Und *innere Prozesse*? Werden wir wahrscheinlich auch irgendwie aussprechen und durch Verhalten kreativ darstellen.

Gedanken klar auszudrücken ist meist einfacher gesagt als getan.

Haben sie schon einmal versucht, so richtig Ordnung in Ihre Gedanken zu bringen – und auch nichts zu vergessen? Sicher, dann wissen Sie auch genau, dass ein logischer Aufbau von Gedanken über einige Minuten ein grosses Mass an Konzentration benötigt. Wenn Sie dann noch alles in klassischer Form, also von links nach rechts und von oben nach unten, eine Zeile nach der anderen notiert haben, dann fällt Ihnen am Ende sicher noch etwas zum Anfang ein – aber jetzt wo unterbringen? Auch dazu wollen wir in diesem Buch Anregungen geben.

Gefühle klar auszudrücken fällt den Menschen oft schwer. Meist kann man das Gefühl selbst nicht so recht betiteln und, um es auszudrükken, fehlt es an den richtigen Worten. Hier helfen indirekte Verfahren wie z.B. Sprachbilder und kreative Verfremdungen.

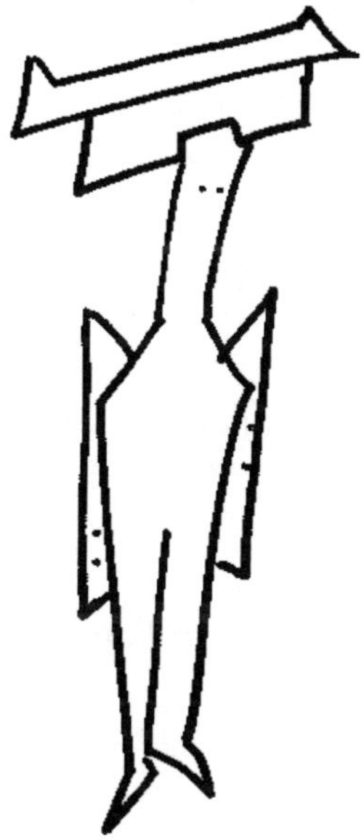

Und was ist mit *inneren Prozessen* gemeint?

Denk- und Handlungsprozesse sind Verfahren, um Themen nach Ihrem ganz persönlichen Muster zu strukturieren. Die Ergebnisse des LernNavigators® zeigen solche Muster. Es ist zum Beispiel ein grosser Unterschied, ob Sie etwas angehen, weil der jetzige Zustand unerträglich (weg von) geworden ist oder ob Sie sich für ein attraktives Ziel (hin zu) begeistern.

Ihre Coaching-Klienten bringen ein Gemisch aus Gedanken, Gefühlen und inneren Prozessen in einem bestimmten Kontext mit. Sie nennen es Problem und erwarten eine Klärung und Verbesserung. Hier hilft der Satz: „Lassen Sie uns das sichtbar machen und anschauen."

Es gibt viele Möglichkeiten, etwas zu visualisieren: Schreiben, Malen, Rollenspiele oder Visualisierungsverfahren auf Papier oder auf dem Computer.

Das Visualisieren auf dem Papier nennen wir **tracking**.

Track ist der Pfad, die Spur. Sie sollten im Coaching mit Ihrem Klienten die inneren Pfade und Spuren sichtbar auf ein Blatt bringen können. **Tracking** arbeitet mit den folgenden Strukturelementen:

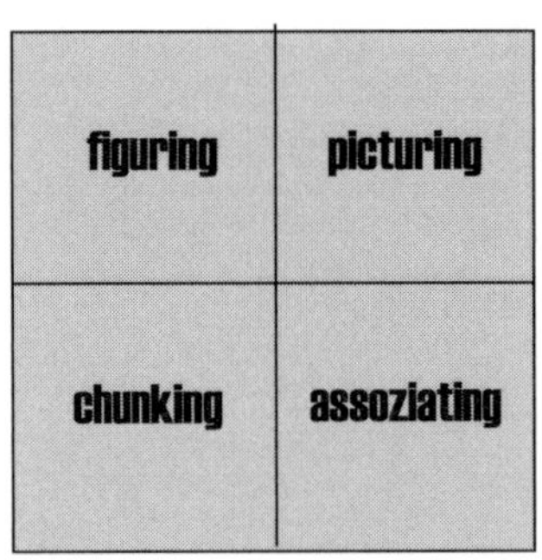

Coaching bringt Spass

figuring

tracking
figuring
picturing
chunking
associating
testing
LernNavigator
Orientierungs-muster
travelling
Steuerungsfragen
Metaphern
König
Flösserprinzip
Geographie
Ensemble
Bagua

Wir verwenden Figuren als Assoziations- und Kreativitätssymbole. Wählen Sie, wenn Sie sich selbst coachen wollen, eine Figur, die Ihr Thema am besten symbolisiert. Plazieren Sie diese Figur als Startpunkt und als ersten Ausdruck Ihres „Inneren“ in der Mitte eines Blattes. Je grösser das Blatt, desto besser. Diesen Prozess nennen wir **figuring**.

Wenn Sie als Coach mit einem Klienten arbeiten, so bitten Sie Ihn, aus mehreren Figuren auszuwählen. Eventuell stellen Sie eine Frage wie: „Welche dieser Figuren stellt das Thema am besten dar?“ Figuren können Menschen, jedoch auch Länder oder Zeitgebiete darstellen – lassen Sie Ihrer Phantasie freien Lauf. Figuren sind Spiegel, sie sind aussen und bieten eine neue Einsicht, wenn Sie mit inneren

COACHING

MIT FIGUREN LÄSST SICH OFT UNAUSGESPROCHENES DARSTELLEN

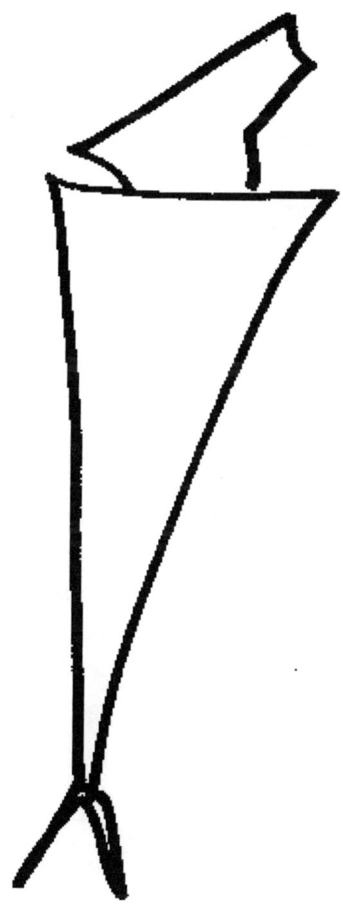

tracking
figuring
picturing
chunking
associating
testing
LernNavigator
Orientierungs-
muster
travelling
Steuerungsfragen
Metaphern
König
Flösserprinzip
Geographie
Ensemble
Bagua

Welten verglichen werden. Sie können beim Coaching als eine erste „Äusserung" der inneren Darstellung einer Situation oder eines Themas dienen. Somit bieten die Figuren eine erste Plattform, einen Start der Betrachtung und Bearbeitung einer inneren Welt, die nach aussen geholt wird.

Wir bieten zwei Grundfiguren an: statische, ruhige Figuren, die Sicherheit geben können, einen Orientierungspunkt darstellen und dynamische und bewegende Figurem, die Sie als Symbol für Veränderung nutzen können. Fühlen Sie sich frei und wählen Sie andere Figuren aus, falls Ihnen die von uns auf der jeweiligen Seite angebotenen nicht gefallen oder helfen. Wählen oder erschaffen Sie die Figur, die am besten zu Ihrem momentanen Zustand passt.

Die Strukturierung eines Coaching-Themas durch die angebotenen Figuren ist unsere Anregung. Es ist möglich, dass Ihr Coaching-Klient eine dynamische Figur als Ausdruck und Darstellung seines inneren *Ist-Zustandes* wählt, weil es in ihm brodelt, kocht und zischt und er am liebsten davon rennen würde. Das Ziel kann dann eine Balance mit der Ruhe und Ausgeglichenheit der statischen Figur zum inneren Soll-Zustand sein. Figuren, wie auch andere Metaphern, bringen Emotionen in sozial verträglicher Form nach aussen. Die Grundidee der metaphorischen Bearbeitung eines Themas besteht darin, dass sich der Klient schnell und einfach seines inneren Zustandes entäussern kann, ohne sich durch Inhalt oder Methode schon all zu weit „aus dem Fenster zu lehnen". Es ist ein sanfter und gleichzeitig konkreter Einstieg in ein Thema.

In einem Coaching wählte Sabine K. diese vier Figuren aus. Sie benutzte die einzelnen Figuren als Platzhalter für bestimmte Situationen, die sie sich anschauen wollte. Dann fiel ihr plötzlich auf, dass diese Figuren eine bei ihr immer wiederkehrende Abfolge symbolisierten, die ihr bis zu diesem Augenblick nicht bewusst war. Die erste Figur steht, die zweite „stolpert" in ihren Augen, die dritte schreitet aus und die vierte Figur steht auf einem Podest – das Ziel ist erreicht. Bis jetzt hatte sich Sabine K. über das Stolpern geärgert, weil es ihr sinnlos und inkompetent erschien.
Nun war diese Abfolge für sie völlig in Ordnung. Weil die Figuren nun nebeneinander lagen, konnte sie erkennen und akzeptieren, dass „stolpern" ja nur eine Phase in einer Kette war, die zum Erfolg führt. Sie konnte das Stolpern als den Teil Ihrer Strategie wahrnehmen, der auf Balance hinweist. Das ist nützlich.

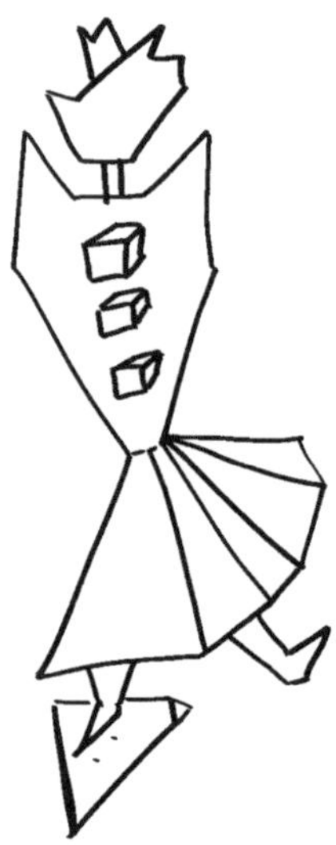

picturing

tracking
figuring
picturing
chunking
associating
testing
LernNavigator
Orientierungs-muster
travelling
Steuerungsfragen
Metaphern
König
Flösserprinzip
Geographie
Ensemble
Bagua

Picturing beschreibt Elemente, die Sie nutzen können, um ein Bild zu malen und auszugestalten: Farbe, kleine Bilder, Symbole, Schrift, Linien, Pfeile, kleine und grosse Darstellungen, unterschiedliche Entfernungen.

Benutzen Sie Farben, Linien, Schriften, Pfeile, Symbole, Distanz, Richtungen und Grösse. Über Symbole und kleine Bilder können Sie sich die Bedeutung der einzelnen Aspekte noch klarer machen. Am besten eignen Sie sich die Grundfähigkeit des Mind Mappings nach Tony Buzan an. Wir fügen zu dieser Technik weitere hinzu. Diese Visualisierungsgrundlagen helfen Ihnen, Gedanken „chaotisch" strukturiert zu notieren und die Gedankenvielfalt zu stimulieren.

Wir visualisieren nun auch noch ergänzend dazu die inneren Orientierungsmuster – entnehmen Sie diese dem Ergebnis Ihres LernNavigators®. (www.LernNavigator.com)

Ein Thema im Coaching kann erfolgreicher bearbeitet werden, wenn zusätzlich zum Inhalt die Orientierungs- und Steuerungsprogramme der Person erkennbar sind. Denn es kann nie um ein objektives Thema gehen, sondern immer nur um die subjektive Bearbeitung durch die jeweilige Person – das gilt es der Person zu visualisieren. Damit bekommt auch die Darstellung des Themas einen Sinn.

Es ist eben ein grosser Unterschied, ob jemand seinen Arbeitsplatz wechseln möchte, weil ihm dort die Menschen furchtbar auf die Nerven gehen (Orientierungsmuster im LernNavigator®: Menschen und weg von), oder weil ihn die technische Ausstattung bei einem neuen Arbeitgeber reizt (Orientierungsmuster im LernNavigator®: Dinge und hin zu).

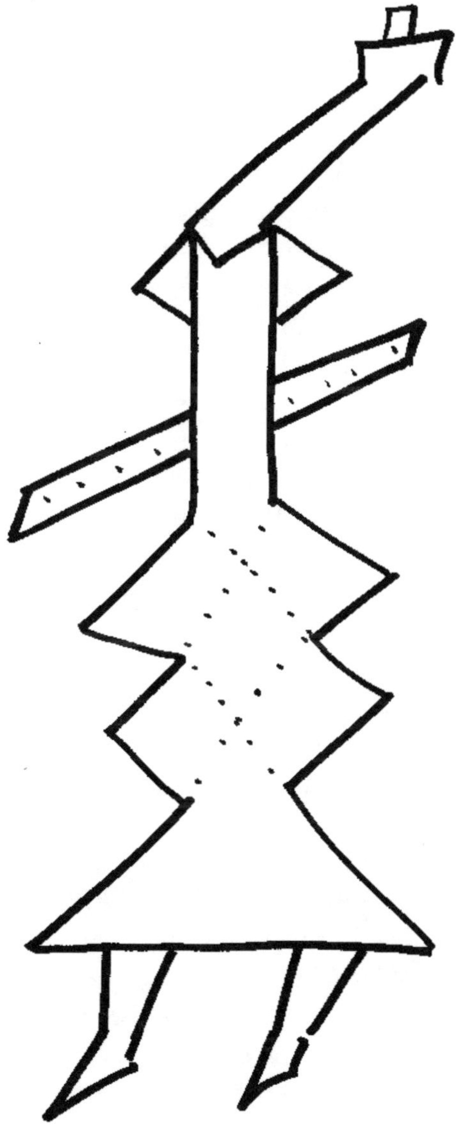

Genau diese Orientierungsmuster sollten Sie für und mit Ihren Klienten visualisieren. Wie oft haben Sie persönlich schon gemerkt, dass Ihr Partner bestimmte Situationen völlig anders wahrnimmt und interpretiert als Sie? Wenn Sie dies von einander wissen, haben Sie mehr Chancen in Ihren Beziehungen.

Einer der Autoren verhält sich gerne big-picture-orientiert, seine Frau sehr detailorientiert, wenn es um Urlaubsbilder geht. Früher gab es immer einen extremen Stimmungsabschwung, wenn sie ihm nach einem Urlaub, den sie mit einer Freundin verbrachte, die Bilder gezeigt hat. Das ging so: Sie erklärte bei jedem Bild nicht nur das, was auf dem Bild zu sehen war ganz genau, sondern auch das, was auf dem Bild nicht zu sehen war. Bis zum dritten Bild konnte er dem Rhythmus seiner Frau noch folgen. Dann machten sich aber zusehens Konzentrationsschwächen und Fluchttendenzen bemerkbar. Ab dem fünften Bild war die Beziehung ernsthaft gefährdet - das letzte Bild hatte er noch von keiner Urlaubsserie zu sehen bekommen. So konnte das nicht weitergehen. Der LernNavigator® hat geholfen, jetzt wissen beide, mit welchen Orientierungsmustern sie sich bei einer so schönen Angelegenheit in die Haare geraten sind. Nun bekommt er die Urlaubsbilder in die Hand gedrückt und kann sie wie in einem Daumenkino durchgehen. Wenn ihm bei diesem Schnelldurchlauf ein Bild auffällt, hält er an und lässt es sich gerne erklären. Seine Frau hat verstanden, dass dieses Verfahren kein Desinteresse an ihren Urlaubserlebnissen oder gar an ihr selbst bedeutet und kann damit besser umgehen.
Einmal machte er den Fehler, seine Schwiegermutter beim Mittagessen nach ihrer gerade beendeten zehntägigen Andalusienrundreise zu fragen. Nachdem die Beschreibung der Anreise zum Flughafen bei der Nachspeise immer noch nicht zu Ende war ...

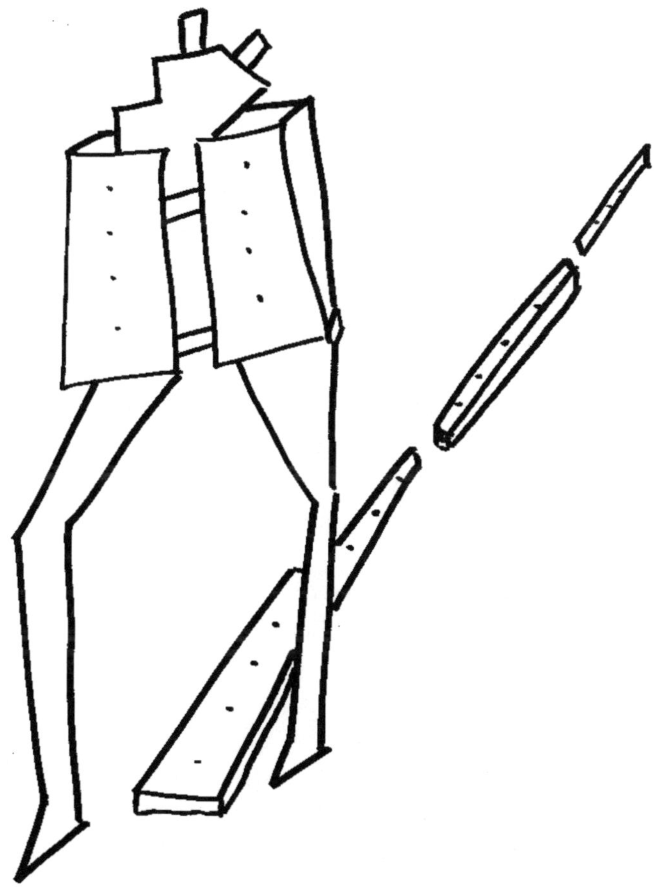

tracking
figuring
picturing
chunking
associating

testing
LernNavigator
Orientierungs-
muster

travelling
Steuerungsfragen
Metaphern
König
Flösserprinzip
Geographie
Ensemble
Bagua

Und nun zurück zum Visualisieren einiger Orientierungsmuster: Wichtige, für Sie nahe Muster schreiben Sie auf einem dicken kurzen Pfad mit sehr grossen und farbigen Buchstaben. Unbedeutendere, weiter entfernte Themen zeichnen Sie auf einen langen, dünnen Weg mit kleiner Schrift und schwarzen Buchstaben. Setzen Sie die Schrift auf das Ende des langen Weges.

Achten Sie darauf, an welcher Stelle der Figur Sie die Äste ansetzen. Vielleicht gibt Ihnen das Thema und die Figur deutliche Hinweise, ob Sie am Kopf, am Buch oder an den Beinen ansetzen.

Eventuell ist es auch für Sie von Bedeutung, ob der Pfad von Ihnen weg oder auf Sie zuführt und in welche Richtung er zeigt.

Am Ende des Pfades sollten Sie drei Punkte anbringen, um zu signalisieren, dass es hier auch noch weitergehen kann.

Wir empfehlen, keine Farbdeutungen nach Goethe, Lüscher, Feng Shui etc. durchzuführen. Coaches sind keine Diagnoseexperten, sie lassen erleben und weisen auf Unterschiede hin, sie lassen den Klienten die Farben wählen, erforschen und eigene Schlüsse ziehen.

Besonders gut lassen sich folgende Orientierungsmuster, die Sie gleich durch den LernNavigator® kennenlernen werden, visualisieren:

- hin zu – weg von
- Vergangenheit – Gegenwart – Zukunft
- Big picture – detailorientiert
- Alle anderen Orientierungsmuster lassen sich auf jeden Fall als Themenpfade verwenden.

Beispiele dazu sehen Sie übrigens in und auf den Buchklappen.

Die hier vorgestellen Techniken sind Möglichkeiten des Visualisierens – am besten experimentieren Sie selbst.

Durch diese Tehniken erkennen Sie, welche Inhalte sich in welcher Priorität in Ihrem Inneren abgebildet haben.

1. Darstellung wichtiger Inhalte, die vorhanden sind:

Die Darstellung der Inhalte, die von hoher Bedeutung sind, werden gross und bunt auf dicke Pfade geschrieben. Die ganze Welt soll sehen, wie wichtig diese Inhalte sind.

Linie: Linie 1. Ordnung: dick
Linie 2. Ordnung: etwas dünner
Linie 3. Ordnung: Strichstärke

Entfernung: kurz

Buchstaben: grosse Grossbuchstaben, 3 cm z.B. auf einem DIN A4 Blatt, bei Begriffen 1. Ordnung; 1,5 cm bei Begriffen 2. Ordnung, Gross- und Kleinbuchstaben, wobei hier der erste Buchstabe etwas grösser und dicker sein kann.

Farbe: bunt

Symbole: gross und bunt

2. Darstellung ***wichtiger Inhalte,*** *die* ***nicht vorhanden*** *sind:*

Solche Begriffe werden zweimal auf die Linie geschrieben. Um zu sehen, dass dieses Thema zwar wichtig, aber nur vage vorhanden ist, wird es in schwarzen kleinen Buchstaben auf das Ende des Pfades geschrieben. Um gleichzeitig zu erkennen, dass dieses Thema wichtig ist und benötigt wird, wird es nochmals in grossen, bunten Buchstaben auf den dicken Teil des Pfades geschrieben, quasi als grosse leuchtende Vision, ähnlich einer riesigen Leuchtschrift.

Linie: von dick zu dünn

Entfernung: lang

Buchstaben: 3 cm auf dem dicken Teil des Pfades (siehe oben), 0,5 cm auf dem dünnen Teil des Pfades in Gross- und Kleinbuchstaben

Farbe: Grossbuchstaben bunt, Gross- und Kleinbuchstaben schwarz

Symbole: gross und bunt, Pfeil von dem noch nicht vorhandenen Thema auf dem Ende des Pfades zu dem bald vor handenen Thema auf dem dicken Teil des Pfades.

tracking

figuring
picturing
chunking
associating

testing

LernNavigator
Orientierungs-
muster

travelling

Steuerungsfragen
Metaphern
König
Flösserprinzip
Geographie
Ensemble
Bagua

*3. Darstellung **nicht wichtiger Inhalte**, die **vorhanden** sind:*

Um das Bild eines Themas abzurunden, ist es hilfreich, auch die Inhalte zu visualisieren, die zwar vorhanden, jedoch nicht wichtig erscheinen. Sie könnten immerhin Assoziationen auslösen. Um diesen Informationen den richtigen Stellenwert bzw. den richtigen Platz zu geben, notieren Sie diese, wie soeben vorgestellt, auf das Ende einer langen dünnen Linie.

Linie: Strichstärke

Entfernung: weit

Buchstaben: 0,5 cm Gross- und Kleinbuchstaben am Ende der Linie.

Farbe: schwarz

Symbole: keine

*4. Inhalte, die **nicht wichtig** und **nicht vorhanden** sind, werden sinnvollerweise nicht berücksichtigt.*

Die Bilder, die sich dadurch ergeben, nennen wir mindScans. Bitte nutzen Sie nun die mindScans in den Klappen und den Freiraum auf der rechten Seite für eigene Experimente.

tracking

figuring
picturing
chunking
associating

testing

LernNavigator
Orientierungs-muster

travelling

Steuerungsfragen
Metaphern
König
Flösserprinzip
Geographie
Ensemble
Bagua

Coaching ändert Ziele

tracking
figuring
picturing
chunking
associating
testing
LernNavigator
Orientierungs-
muster
travelling
Steuerungsfragen
Metaphern
König
Flösserprinzip
Geographie
Ensemble
Bagua

chunking

Chunking ist eine Bewegung zwischen GROSS und klein. Innerhalb eines Themas bewegen Sie sich auf unterschiedlichen Abstraktionsebenen. Sie kommen von Ideen und Überschriften zu Massnahmen oder Detailbetrachtungen oder von Detailerfahrungen zum grossen Ganzen. Entwickeln Sie Ihr Thema durch Haupt- und Unterbegriffe. Setzen Sie die Haupt- oder Schlüsselbegriffe auf einen kurzen dicken Start-Pfad, der an der Figur ansetzt. Die darauf folgenden erläuternden Begriffe schreiben Sie auf jeweils einen weiteren, immer dünner werdenden Weg. Dieses Wege-Netz führt Sie automatisch zu mehr Details und Themen. Wichtig ist, dass jeder Pfad oder Weg nur ein Wort trägt. Dadurch sind Sie frei, weitere Stichworte anzuhängen. Sie können damit das Thema auffächern und gleichzeitig strukturieren. Wenn Sie eigene oder fremde Zitate notieren möchten, dann fügen Sie diese einfach in ein kleines Kästchen.

associating

Ein wirkungsvolles Verfahren, um eingefahrene Denk- und Wahrnehmungspfade verlassen zu können, ist das Assoziieren. Wir nennen diesen Vorgang hier **associating**. Gedankliche Verbindungen mit Themen, die auf den ersten Blick nichts mit dem zu bearbeitenden Problem zu tun haben, schaffen neue Blickwinkel und Einsichten. Sie können frei assoziieren und mit Metaphern assoziieren.

Schreiben Sie die Begriffe auf Pfade und Wege, die Sie in Ihrer Erkenntnis weiterbringen, und strukturieren Sie damit gleichzeitig das Thema.

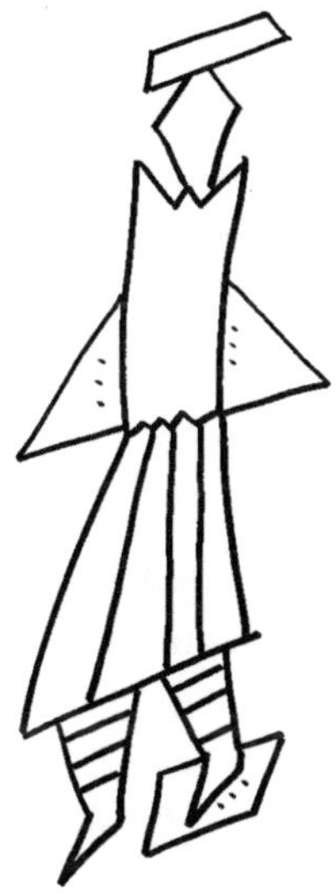

Wir laden Sie hier zu folgenden Möglichkeiten des Reisens durch associating nach dem Prinzip des body & mind geographing ein:

1. **Stichworte aus Metaphern**, z.B. der Geographie, Ökologie, Geschichte, Sitten, inneres Team etc.
2. **Begriffe aus dem Inhalt** eines Themas, wie zum Beispiel bei einer Reise Mallorca, Tunesien, Norwegen etc.
3. **Elemente aus dem LernNavigator®**. Hier ist es besonders wichtig, Begriffe aus den Routine-, Organisations- und Latenzbereichen gut zu mischen. Weiter ist es sinnvoll, auch die Ergänzungsbegriffe zu einem Element mit einzubringen. Wenn Sie zum Beispiel *weg-von* verwenden, dann sollten Sie auch den Pfad *hin-zu* einbringen, auch wenn Sie dafür noch keine Ideen haben. Generell laden freie Pfade oder die drei erwähnten Punkte dazu ein, das Thema zu ergänzen.

   Nutzen sie die Möglichkeiten der Äusserung durch die Figuren. Sie können die Figuren belassen, wie sie sind; Sie können sie verändern, ergänzen, die freien Flächen gestalten. Text und Figuren können verwoben werden und beides kann eine eigene Dynamik entwickeln. Vielleicht entdecken Sie Bekanntes, vielleicht Neues. Manchmal ist es befreiend, grossflächig zu malen; manchmal sind die Details besonders spannend. Vielleicht wählen Sie zuerst die Figuren heraus, die Ihnen gefallen, die Ihnen ähnlich sind. Eventuell sind es auch die fremden, anderen!

   Manchmal genügt es, nur einen Teil einer Figur auszumalen, um sich dann eigene Gedanken zu notieren. Alles Wissen um Kommunikation wohnt in Ihnen, hier können Sie, es mit Spass frei setzen.

tracking
figuring
picturing
chunking
associating

testing
LernNavigator
Orientierungs-
muster

travelling
Steuerungsfragen
Metaphern
König
Flösserprinzip
Geographie
Ensemble
Bagua

4. **Schlüsselbegriffe aus Fragen.** Wenn die Frage lautet: „Welche Kenntnisse setzen Sie ein?“, so kann mit dem Begriff **Kenntnisse** auf einem kurzen Pfad begonnen werden.
5. **Schlüsselbegriffe aus einem Text**, so wie Sie Worte mit einem Textmarker hervorheben.
6. **Graphische Muster** wie z.B. Baguas aus dem Feng Shui, welche Sie im hinteren Teil dieses Buches kennenlernen.

Dies sind eine Reihe von Reisemöglichkeiten, um eine Thema neu und kreativ zu durchdringen.

tracking
figuring
picturing
chunking
associating

testing
LernNavigator
Orientierungs-
muster

travelling
Steuerungsfragen
Metaphern
König
Flösserprinzip
Geographie
Ensemble
Bagua

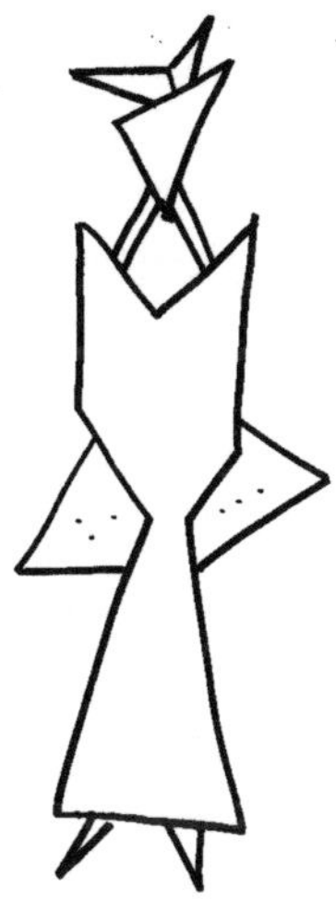

testing

tracking
figuring
picturing
chunking
associating
testing
LernNavigator
Orientierungs-muster
travelling
Steuerungsfragen
Metaphern
König
Flösserprinzip
Geographie
Ensemble
Bagua

Innen – Aussen

Eine grundsätzliche Funktion des Lernens ist es, die innere Welt der Emotionen und der Vorstellungen fassbar zu machen, indem ich sie in der Aussenwelt wieder entdecke und beschreibe.

Dafür gibt es viele bekannte und gute Möglichkeiten: Sprache, Bilder, Theater, Symbole, Kunst etc.. Der Zyklus des Veränderns könnte so verlaufen:

innen erleben – *aussen* darstellen – *aussen* modellieren/designen – probehandeln – handeln – *innen* erleben. Oder nochmals verdichtet: *innen* ist – *aussen* ist – *aussen* soll – *innen* soll – *innen* ist.

Um Ihnen die Reiseetappen so leicht wie möglich zu machen, nutzen wir Metaphern und Formen. Ausgehend von der abstrakten Gestalt der Zeichnungen, konkretisieren wir unsere Erlebniswelt und schaffen die Möglichkeit zur Veränderung.

Indem wir aussen Soll-Welten schaffen, diese immer detaillierter unseren eigenen Ansprüchen anpassen und dabei natürlich auch oft eigene Ansprüche verändern, schaffen wir uns eine Realität, in der wir leben wollen. Für dieses Soll gibt es viele metaphorische Begriffe wie z.B.: Wunschträume, das Land, wo Milch und Honig fliesst, gelobtes Land, Ort der Erfüllung, Insel der Götter, Land der Quellen usw.

Ein besonders erfolgreicher Weg ist die Veränderung des Fokus der Aufmerksamkeit. Wir richten unsere Aufmerksamkeit nach *innen* oder nach *aussen*, je nachdem, worauf wir uns konzentrieren. Die-

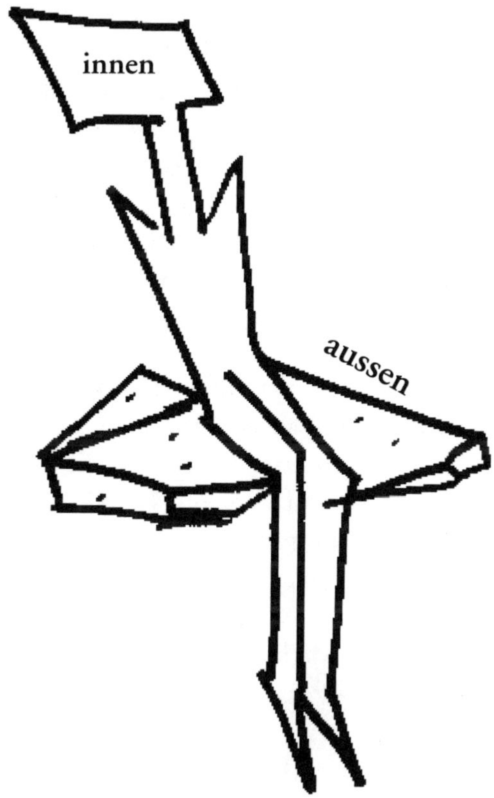
innen
aussen

tracking
figuring
picturing
chunking
associating

testing
LernNavigator
Orientierungs-muster

travelling
Steuerungsfragen
Metaphern
König
Flösserprinzip
Geographie
Ensemble
Bagua

ser Wechsel geht nicht immer freiwillig vor sich und auch nicht immer nach unseren Wünschen. Sie kennen den unfreiwilligen Wechsel Ihrer Aufmerksamkeit, wenn zum Beispiel der Junge Ihres Nachbarn beschlossen hat, Schlagzeug in einer Punkband zu spielen, während Sie ein Buch lesen wollen. Ihre Aufmerksamkeit wandert automatisch zum Schlagzeugspieler. Oder manchmal möchten Sie sich in einem Restaurant auf Ihren Gesprächspartner konzentrieren und dessen Sätzen Sinn geben, statt dessen scheint Ihre Aufmerksamkeit durch das Gespräch am Nebentisch förmlich gebunden zu sein. Sie wechseln dann mit dem Fokus Ihrer Aufmerksamkeit vom Nebentisch *aussen* nach *innen,* um sich zu sagen, dass sich das nicht gehört, und dass Sie sich auf Ihren Tischpartner konzentrieren sollten. Dann wieder nach *aussen*, um diese Konzentration zu versuchen, wieder nach *innen*, um sich zu sagen, dass es wieder nicht funktioniert hat, was wahrscheinlich daran liegt, dass Ihr Tischnachbar halt ein bisschen langweilig ist.

Wenn wir lernen, nehmen wir mit unseren Sinnen wahr und fügen dann zum Wahrgenommenen unsere Gedanken, Emotionen und Erklärungsmuster hinzu. All dies geschieht in uns und ist deshalb nicht so leicht zugänglich. Diese Veränderung des Fokus ist eine Voraussetzung zum Lernen. Wir bringen unseren Wunsch zu lernen nach *Aussen*, sehen, hören, fühlen, riechen und schmecken, was uns die Aussenwelt bietet und verarbeiten diese Daten der Wahrnehmung wieder *innen*. Wird der Weg der Änderung der Aufmerksamkeit auf irgendeine Art behindert, so wird Lernen erschwert. Das Ziel dieses Buches ist es, mit Ihnen zusammen, vielfältige Möglichkeiten nutzend, diesen Weg zu ebnen – und damit Lernen für Sie zu einem individuellen Genuss zu machen – von *innen* nach *aussen* von *aussen* nach *innen*.

LernNavigator®

Wir bieten Ihnen in diesem Buch drei Möglichkeiten, um diesen Prozess *innen – aussen...* zu organisieren: tracking, testing und travelling.

tracking

figuring
picturing
chunking
associating

testing

LernNavigator
Orientierungs-muster

travelling

Steuerungsfragen
Metaphern
König
Flösserprinzip
Geographie
Ensemble
Bagua

Beim testing wählen wir mit Fragebogen und EDV-Auswertung bewusst ein anderes Medium. Das Instrument, mit dem sich die Gewichtung einzelner Orientierungsmuster zeigen lässt, nennen wir LernNavigator®.

Im Fragebogen des Lernnavigators® wird unsere Wahrnehmung und unsere Kommunikation in vier Grundgruppen aufgeteilt:

1. Die Welt aufnehmen

2. Die Welt strukturieren

3. Sich in der Welt bewegen

4. Der Welt Bedeutung geben

Diesen Grundmustern sind unterschiedliche Orientierungsmuster zugeordnet.

Wir werden diesen Orientierungsmustern einige Reisetage widmen, weil sie eine wichtige Grundlage für kompetentes Coaching darstellen.

Hier ein Beispiel einer Auswertung nach Schwerpunkten:

Durch einen Fragebogen werden die Ausprägungen der Orientierungsmuster in bestimmten Kontexten ermittelt. Sie bekommen als Ergebnis eine Tabelle, die etwa so aussehen kann:

tracking
figuring
picturing
chunking
associating
testing
LernNavigator
Orientierungsmuster
travelling
Steuerungsfragen
Metaphern
König
Flösserprinzip
Geographie
Ensemble
Bagua

Gruppe	**Orientierungsmuster**	**Wert**
Die Welt strukturieren	Menschen	92,50
Sich in der Welt bewegen	Wahlmöglichkeiten	85,00
Sich in der Welt bewegen	Big Picture	80,00
Sich in der Welt bewegen	aktiv	80,00
Sich in der Welt bewegen	Gegenwart	77,50
Der Welt Bedeutung geben	Lösung	77,50
Die Welt aufnehmen	sehen	70,00
Der Welt Bedeutung geben	im Team leistungsorientiert	70,00
Sich in der Welt bewegen	hin zu	67,50
Sich in der Welt bewegen	internal	65,00
Der Welt Bedeutung geben	rational	65,00
Die Welt strukturieren	Orte	62,50
Die Welt aufnehmen	hören	57,50
Sich in der Welt bewegen	unterschiedlich	57,50
Der Welt Bedeutung geben	Arbeitsvorlieben: unabhängig	57,50
Sich in der Welt bewegen	Zukunft	55,00
Sich in der Welt bewegen	ähnlich	52,50
Sich in der Welt bewegen	detailorientiert	47,50
Der Welt Bedeutung geben	Arbeitsvorlieben: kooperativ	47,50
Der Welt Bedeutung geben	emotional	47,50
Die Welt strukturieren	Aktivitäten	45,00
Die Welt aufnehmen	spüren	42,50
Die Welt strukturieren	Wissen	40,00
Sich in der Welt bewegen	weg von	35,00
Sich in der Welt bewegen	external	35,00
Sich in der Welt bewegen	Abfolgen	35,00
Der Welt Bedeutung geben	Problem	35,00
Der Welt Bedeutung geben	im Team einflussorientiert	35,00
Sich in der Welt bewegen	passiv	25,00
Sich in der Welt bewegen	Vergangenheit	20,00
Die Welt strukturieren	Dinge	15,00

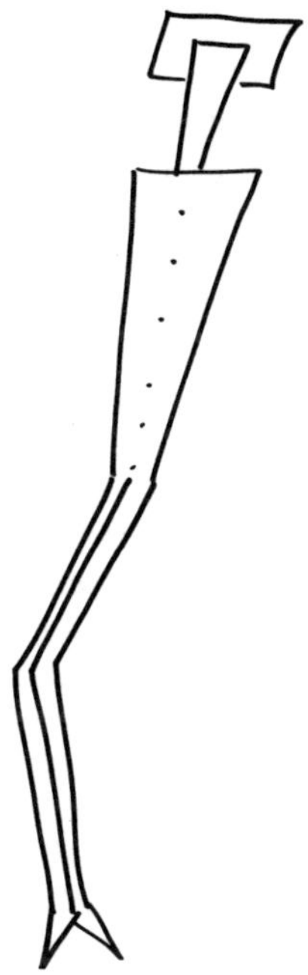

tracking

figuring
picturing
chunking
associating

testing

LernNavigator
Orientierungs-
muster

travelling

Steuerungsfragen
Metaphern
König
Flösserprinzip
Geographie
Ensemble
Bagua

Haben Sie nun Lust, selbst Ihren LernNavigator® auszufüllen? Unter der Adresse www.LernNavigator.com finden Sie Fragebogen zu unterschiedlichen Lebensbereichen. Damit Sie Ihre Orientierungsmuster fürs Lernen kennenlernen können, erhalten Sie den LernSkillNavigator® zu einem Vorzugspreis. Senden Sie den Talon (auf der letzten Buchseite) noch heute ab.

Beantworten Sie die Fragen ohne jeden Hintergedanken an das Ergebnis, denn bei den Ergebnissen gibt es kein Richtig oder Falsch, sondern ein **Günstig oder Ungünstig für bestimmte Situationen**. Am Ende der Bearbeitung erhalten Sie Ihre persönliche Auswertung. Tragen Sie die Ergebnisse, die Ihnen wichtig sind, in diese Liste ein, oder legen Sie einen Ergebnisausdruck ins Buch. Wenn Sie den LernSkillNavigator® im Internet nicht benutzen wollen, dann kommen Sie nachdem Sie die Reise durch die Orientierungsmuster gemacht haben, wieder hierher und schätzen Ihr Verhalten in Bezug auf eine bestimmte Situation selbst ein.

Wir teilen die Ergebnisse des LernSkillNavigators® in drei Rubriken ein:

- Der Routinebereich ist das obere Drittel Ihrer Auswertung mit den darin enthaltenen Prozentzahlen. Hier verhalten Sie sich als Experte mit viel bewusster und unbewusster Kompetenz. Eine hohe Ausprägung bedeutet nicht gleichzeitig, dass dies für alle Situation günstig ist, sondern, dass Sie dieses Orientierungsmuster exzellent beherrschen.
- Der Organisationsbereich ist das mittlere Drittel Ihrer Auswertung. Die Fähigkeiten sind vorhanden, müssen jedoch in diesem Kontext von Ihnen oder anderen angestossen und organisiert werden.
- Der Latenzbereich ist das untere Bereichsdrittel. Hier sind Ihre Möglichkeiten latent verborgen. Sie können diese Möglichkeiten mit Kreativität und etwas Training zu Ressourcen entwickeln.

Gruppe	Orientierungsmuster	Wert

Orientierungsmuster

Orientierungsmuster sind eine Anordnung von Unterscheidungen wie Sie sich in der Welt orientieren. So orientieren Sie sich z.B. an Menschen, bestimmten Aktivitäten, Dingen oder an Orten.

tracking

figuring
picturing
chunking
associating

testing

LernNavigator
Orientierungs-muster

travelling

Steuerungsfragen
Metaphern
König
Flösserprinzip
Geographie
Ensemble
Bagua

Mit Hilfe der Orientierungsmuster bestimmen wir Richtung und Fokus unserer Aufmerksamkeit. Steuern, was wir in einer bestimmten Situation in unsere Beobachtung ein- oder ausschliessen. Orientierungsmuster setzen die Richtung für das, was wir wahrnehmen. Wir fühlen uns vorallem dann wohl, wenn eine Situation im Einklang mit den jeweils von uns benutzten Orientierunsmustern steht. So bemerken Sie vielleicht erst bei der dritten Begegnung bewusst, dass ein Kollege eine Brille trägt. Sie hatten vorher einfach nicht auf dieses Ding geachtet.

Einer von uns Autoren trägt seit zehn Jahren einen Dreitagebart. Er traf einmal im Blumengeschäft die Inhaberin der Buchhandlung, wo er seit langer Zeit seine Bücher kauft. Auf einmal sagte die Buchhändlerin: „Seit wann tragen Sie einen Dreitagesbart?“ „Seit ich Bücher bei Ihnen kaufe“, entgegnete er. Bei genauem Hinsehen war eine leichte Röte in ihrem Gesicht zu erkennen, und sie murmelte etwas verlegen: „Dann hab’ ich sie wohl noch nie richtig angeschaut.“

In der Buchhandlung, so ist zu vermuten, waren wohl die Bücher oder der Umsatz wichtiger, der Bart trat dabei nicht in Erscheinung. In der oben beschriebenen anderen Umgebung des Blumengeschäfts hatte der Bart eine Chance, bemerkt zu werden.

Eine Person ist nicht ihr Orientierungsmuster bzw. ein Mustertyp. Sie kann in unterschiedlichen Situationen unterschiedliche Orien-

Hier sind für mich Menschen wichtig:

Hier sind für mich Aktivitäten wichtig:

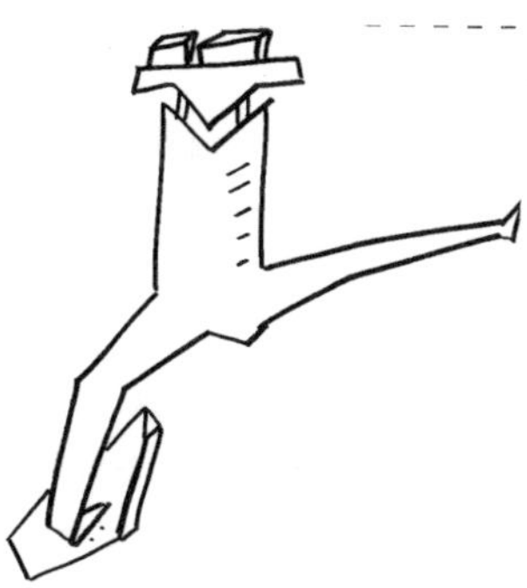

tierungen benutzen (Kontextdefinition). Es gibt zum Beispiel Situationen, in denen wir uns prozessorientiert und aktiv in eine bestimmte Richtung auf ein Ziel zu bewegen. In anderen Fällen werden wir uns aus einer Problemsituation weg bewegen, ohne eine bestimmte Richtung zu kennen. Jedes Orientierungsmuster ist eine Ressource und bildet Wahlmöglichkeiten. Es wird verschiedene Situationen im Leben geben, in denen unterschiedliche Muster erfolgreich sind.

Wenn Sie irgend eines dieser Muster als gut oder schlecht bewerten, dann veranlassen Sie sich selbst oder die andere Person, das von Ihnen als gut bewertete Muster zur Generalisierung zu benutzen. Sie schränken damit die Entfaltungsmöglichkeit der anderen und ihrer eigenen Person ein – finden Sie lieber Möglichkeiten für Erweiterungen.

Bei einem Wohnungswechsel kann es sein, dass wir gezielt in eine neue Stadt ziehen, um näher an unserer Arbeitsstelle zu sein. Es kann auch sein, dass wir aus einer Gegend weg ziehen, weil uns die Nachbarschaft nicht mehr gefällt.
Hin zu und *weg von* – je nach Situation gleich sinnvoll.

Vermeiden Sie deshalb bitte Formulierungen wie z.B. „... das ist halt ein *hin-zu*-Typ“, und beschreiben Sie immer den Kontext, für den ein Orientierungsmuster gilt.

Hier sind für mich Dinge wichtig:

Hier sind für mich Orte wichtig:

tracking

figuring
picturing
chunking
associating

testing

LernNavigator
Orientierungs-
muster

travelling

Steuerungsfragen
Metaphern
König
Flösserprinzip
Geographie
Ensemble
Bagua

Wenn Menschen sprechen, werden sie Ihnen über die Sinnesmodalitäten mitteilen, mit welchen Orientierungsmustern sie ihre Erfahrungen organisiert haben. Sie sagen z.B. im Bereich der Sinne: „Jetzt habe ich den vollen Durchblick“ (sehen) oder „das klingt aber komisch“ (hören), oder „das habe ich gut im Griff“(fühlen), oder „mir stinkt's“ (riechen), oder „das hinterlässt einen bitteren Nachgeschmack“ (schmecken).

Nutzen Sie diese Mitteilungen ohne verändern zu wollen.

Es geht hier nicht um eine Veränderung der Orientierungsmuster, es geht darum, die Verbindungen zwischen Denken und Sprache herauszufinden. Damit erkennen Sie, wie die individuellen Denkverbindungen durch Orientierungsmuster bestimmt sind. Mit etwas Übung lernen Sie ganz leicht, neben dem sprachlichen Inhalt auch noch die benutzten Orientierungsmuster zu hören.

SPRACHE WIRD ALS ORIENTIERUNGSMITTEL GEBRAUCHT!

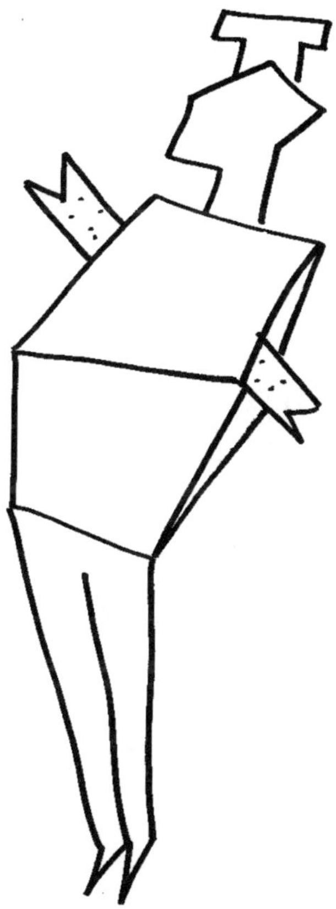

tracking

figuring
picturing
chunking
associating

testing

LernNavigator
Orientierungs-
muster

travelling

Steuerungsfragen
Metaphern
König
Flösserprinzip
Geographie
Ensemble
Bagua

Wenn Menschen ähnliche Orientierungsmuster sprechen, dann bilden sie auch ähnliche Verhaltensweisen heraus.

Die Orientierungsmuster geben uns Hinweise darauf, was die Sprachgestaltung beeinflusst. Das Ziel ist, Wahlmöglichkeiten hinzuzufügen, so dass Menschen Prozesse, die gut für sie arbeiten, auch erkennen und nutzen können.

Für den Coach bedeutet das: Genau hinhören, was jemand sagt. Nicht nur auf das hören, was ich als Coach selbst meine und interpretiere. Wenn ich nur interpretiere, was die andere Person gesagt hat, dann bin ich immer wieder mit meiner eigenen Erfahrung konfrontiert, lerne nur wenig und verstricke mich in Zirkelschlüssen.

WIR ACHTEN AUF PROZESSE, DIE HINTER DER SPRACHGESTALTUNG LIEGEN.

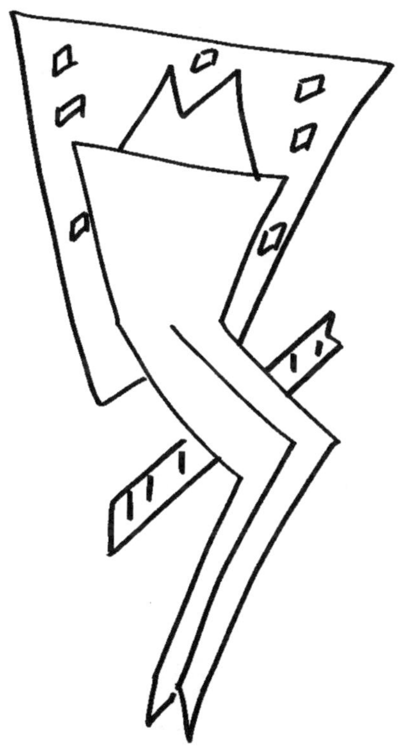

Coaching reorganisiert Spass

Hören Sie auch auf Muster, nicht nur auf den Inhalt. Beobachten Sie die andere Person, finden Sie heraus, welche Muster sie benutzt. Wenn Sie ein Gespräch beginnen, dann ist es sinnvoll, ähnliche Komponenten zur Kommunikationsstruktur des anderen anzubieten. Für den Einstieg in eine Kommunikation wählen Sie bitte den Grundsatz:

GLEICH UND GLEICH GESELLT SICH GERN.

Wenn Sie hören, dass Ihr Klient *hin zu*-Formulierungen benutzt, so steigen Sie auf diesen Zug auf. Klient: „Ich möchte durch dieses Coaching in meinem Leben was erreichen.“ Coach: „In welchen Lebensbereichen möchten Sie etwas erreichen?“ ... und bitte nicht: „Ja, und wo liegt denn das Problem?“ Das wäre *weg von*, gepaart mit einem latenten Vorwurf. Erstens bringen Vorwürfe wenig und zweitens würde das Muster des Klienten in dieser Anfangsphase nicht aufgenommen. Wenn also z.B. vom Klienten *hin zu* benutzt wird, dann nehmen Sie als Coach *hin zu* auf. So kann der Kontakt zur anderen Person positiv gestaltet werden, und die andere Person wird es leichter haben, sich selbst positiv darzustellen.

NICHT NUR DEN INHALT, SONDERN AUCH DEN PROZESS VERSTEHEN!

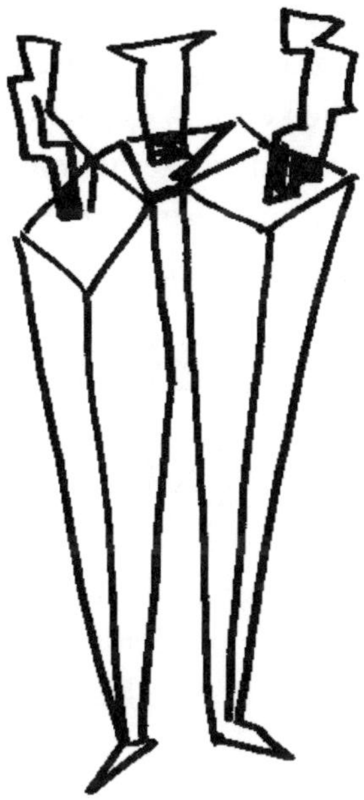

tracking

figuring
picturing
chunking
associating

testing

LernNavigator
Orientierungs-
muster

travelling

Steuerungsfragen
Metaphern
König
Flösserprinzip
Geographie
Ensemble
Bagua

Wozu ist das alles sinnvoll?

Kommunikation heisst auch Beeinflussung. Wir Menschen kommunizieren, um uns gegenseitig unsere Ansichten über die Welt mitzuteilen. Wir tun das hauptsächlich über Bilder, Gestik und Sprache.

Die Art und Weise, wie wir Sprache gebrauchen, wie wir uns mit der eigenen Sprache an die Sprache eines anderen angleichen, strukturiert unsere Erfahrung. Dadurch lernen wir andere Sichtweisen und Weltmodelle kennen, es entstehen Motivationen, Entscheidungen oder ein bestimmte Verhaltensweisen. Mit der gezielten Beeinflussung Ihres Sprachverhaltens können Sie Ihr Verhalten und das Verhalten anderer beeinflussen.

Unsere Sprache funktioniert auch als Wahrnehmungsorgan

Mit der Kenntnis sprachlicher Orientierungsmuster können Sie Werkzeuge bilden, um Menschen zu motivieren, eine bestimmte Aufgabe zu lösen oder eine bestimmte Aufgabe gut zu tun. Sie können Aufgaben so darstellen, dass sie für eine Person gut passen und gelöst werden können. Sie können auch Personalanzeigen so texten, dass sich die richtigen Personen darauf bewerben. Ein Beispiel sehen Sie weiter unten. Und Sie bekommen durch die Kenntnis des sprachlichen Verhaltens Hinweise darauf, was später in der Realität passieren wird. Sie erkennen schon an den Formulierungen, wenn sie ausgesprochen sind, ob jemand später seine Sache gut macht oder mit seinen Aufgaben Schwierigkeiten bekommt. Sehen Sie in den sprachlichen Formulierungen der Muster ein Probehandeln der Person und einen Blick in die Zukunft? Denn Orientierungsmuster sind eine wichtige Grundlage des Handelns.

tracking

figuring
picturing
chunking
associating

testing

LernNavigator
Orientierungs-
muster

travelling

Steuerungsfragen
Metaphern
König
Flösserprinzip
Geographie
Ensemble
Bagua

Wenn Sie als Coach an den Formulierungen Ihres Klienten erkennen, dass ein Misserfolg wahrscheinlich wird, dann ist es günstig, dies dem Klienten zurückzumelden und die Orientierungsmuster sinnvoll zu ergänzen.

Einige Beispiele für Formulierungen, deren Erfolg eher unwahrscheinlich ist:

Ja, das werde ich wahrscheinlich tun.
Ja, das tue ich, wenn ...
Darüber denke ich nochmal nach ...
Das muss ich mal machen.
Vielleicht mache ich das schon morgen.

Formulierungen, die auf ein besseres Ergebnis schliessen lassen sind:

Am Dienstag, den 12. Mai 2001 entscheide ich mich ...
Ich fühle in meinem Bauch, dass ich erfolgreich sein werde.
Ja, das ist sehr sinnvoll, das erklärt mir den nächsten erfolgreichen Schritt ...
Darüber bin sich mir völlig klar, ich kann es deutlich sehen.

Damit Sie im Erkennen und Anwenden von Orientierungsmustern nun eine hohe Kompetenz bekommen, stellen wir die einzelnen Muster genau vor.

Welche Erfolgsformulierungen benutzen Sie:

Musterkategorien

Wir teilen die sprachlichen Orientierungsmuster in vier Kategorien ein:

tracking

figuring
picturing
chunking
associating

testing

LernNavigator
Orientierungs-muster

travelling

Steuerungsfragen
Metaphern
König
Flösserprinzip
Geographie
Ensemble
Bagua

1. Die Welt aufnehmen

Das tun wir mit Hilfe unserer Sinne. Unser Seh-, Hör-, Geruchs- und Geschmackssinn und unsere Fähigkeit zu fühlen sind unsere Verbindungen zur Welt.

2. Die Welt strukturieren

Hier konzentrieren wir uns auf das, was uns wichtig ist. Wir achten vielleicht mit Vorliebe auf Menschen, Dinge, Aktivitäten, Orte oder Wissen.

3. Sich in der Welt bewegen

Wie orientieren Sie sich in der Welt, wie motivieren Sie sich? Verhalten Sie sich eher aktiv und auf die Gegenwart bezogen oder haben Sie häufiger Ihre Vergangenheit im Focus Ihrer Aufmerksamkeit?

4. Der Welt Bedeutung geben

Sie finden in diesem Bereich Anregungen, um zu erkunden, wodurch Sie der Welt einen Sinn geben. Was uns sinnvoll erscheint ist nicht von vornherein sinnvoll, sondern wird es erst durch unser Denken und Bewerten oder durch unsere Überlegungen und Vorannahmen.

Die Welt aufnehmen: Sehen

tracking

figuring
picturing
chunking
associating

testing

LernNavigator
Orientierungs-
muster

travelling

Steuerungsfragen
Metaphern
König
Flösserprinzip
Geographie
Ensemble
Bagua

Wer die Verbindung zur Welt stark auf das Sehen aufbaut, muss das Produkt oder den Prozess sehen, um zu strukturieren. In bestimmten Situationen ist diese Person vornehmlich durch Sehen überzeugt.

Typische Redewendungen sind z.B.:
„Ich sehe die Sache völlig klar!"
„Ich möchte den Überblick behalten."
„Das ist anschaulich."
„Ich bin im Bilde."
„Jetzt habe ich den vollen Durchblick."

Wir sahen, gerade als wir dieses Thema für das Buch behandelt haben, die Schaufensterdekoration eines Optikers. Im ganzen Schaufenster waren Brillen an transparenten Fäden angebracht. Bei jeder Brille hing ein Spruch zum Thema „Sehen", wie z.B.: „Die Sicht entscheidet über den Standpunkt." Oder: „Weitsichtig, kurzsichtig, einsichtig."

Die Seh-Reise
Auf dieser Reise wird Ihr Blick von der Schönheit der Landschaft angezogen, Sie erkennen auf den ersten Blick die Unterschiede zwischen Ihrem Heimat – und Ihrem Urlaubsort. Die malerischen Orte, durch die Sie reisen, können Sie im Nachhinein sogar mit geschlossenen Augen nochmals betrachten. Die Farbenpracht der Jahreszeit, in der Sie reisen, fasziniert Sie, und Sie werden sich immer an dieses Lichtspiel des Sonnenuntergangs über dem Meer erinnern.

In welcher Situation verlassen Sie sich besonders auf Ihre Sehkompetenz?

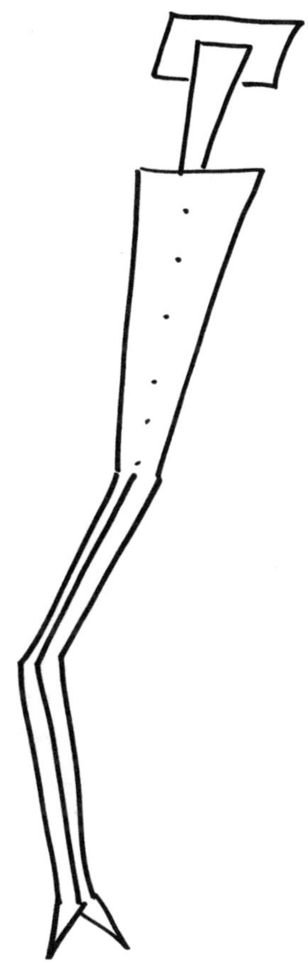

Die Welt aufnehmen: Hören

Wer in bestimmten Situationen hauptsächlich durch Hören Kontakt zur Welt schafft, muss die Geräusche, den Klang eines Produktes oder einer Szene hören. In bestimmten Situationen möchte diese Person andere Menschen sprechen hören und ist durch Hören überzeugt.

Typische Formulierungen sind z.B.:
„Das klingt für mich noch nicht sehr plausibel."
„Das klingt gut."
„... ist mir zu schrill."
„Ich höre Ihnen aufmerksam zu."
„Da klingeln mir die Ohren."

Die Hör-Reise
Schon das Reiseprospekt war ansprechend. Ihr Hotel lag in einem ruhigen Viertel und das Zwitschern der Vögel war fast wie ein Konzert. Das Geräusch des Meeres unterstützt die Träume. Die Uferpromenade erzählt die Geschichte einer vergangenen Zeit und von den Fischerbooten klingen Lieder über das Wasser.

In welcher Situation verlassen Sie sich besonders auf Ihre Hörkompetenz?

Die Welt aufnehmen: Spüren

tracking

figuring
picturing
chunking
associating

testing

LernNavigator
Orientierungs-
muster

travelling

Steuerungsfragen
Metaphern
König
Flösserprinzip
Geographie
Ensemble
Bagua

Wer in Bezug zur Aussenwelt Sicherheit durch Spüren bekommt, möchte in vielen Situationen die Ergebnisse oder das Produkt mit den Händen fassen. Solche Personen sind dann von etwas überzeugt, wenn sie selbst handeln oder etwas tun können. Sie können sich auf eine Körperempfindung oder auf ihre Gefühle verlassen.

Typische Formulierungen sind z.B.:
„Das Thema habe ich schon voll im Griff."
„Diese Formel begreife ich nie."
„Ich taste mich vor."
„Ein sicherer Standpunkt ist wichtig."
„Das entscheide ich aus dem Bauch heraus."

Die Spür-Reise
Schon die Fahrt zum Ferienort war behaglich und bequem. Die Liegestühle auf der Terrasse des Hotels laden zum Entspannen ein. Die Sonne gibt eine prickelnde Wärme auf die Haut und die herzliche Begrüssung der Gastgeber lässt ein Gefühl der Geborgenheit aufkommen.

<u>Erinnerung</u>: Bitte lesen Sie nochmals das Kapitel tracking, denn jetzt geht es darum, dass Sie alle Visualisierungsmöglichkeiten nutzen und damit trainieren.

In welcher Situation verlassen Sie sich besonders auf Ihre Spürkompetenz?

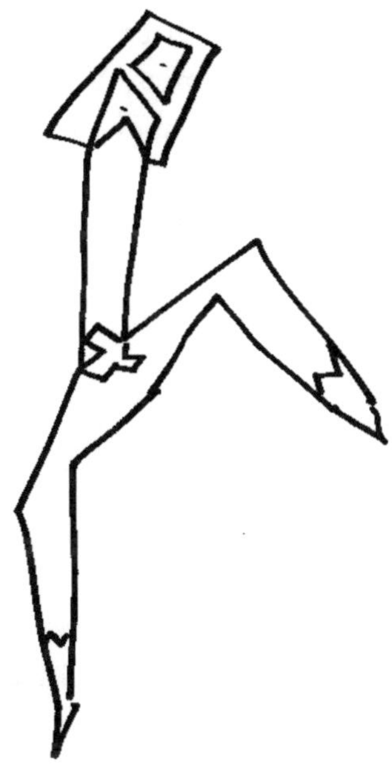

Die Welt strukturieren: Orte

tracking

figuring
picturing
chunking
associating

testing

LernNavigator
Orientierungs-
muster

travelling

Steuerungsfragen
Metaphern
König
Flösserprinzip
Geographie
Ensemble
Bagua

Orte können zur Motivation benutzt werden. In manchen Situationen kann eine Person Plätze, Gebäude, Räume benutzen, um sich selbst in gute Stimmung zu versetzen. Für eine gute Arbeit ist ein sympathischer Ort wichtig. Mit der Arbeitsleistung soll auch der Raum, in dem sich diese Person befindet, gestaltet und verbessert werden. In der Ort-Orientierung reagiert eine Person stark auf Veränderungen des Raumes. Wissen entsteht an Orten, ist mit Orten verbunden und wird über Orte aktiviert.

Ist es bei Ihnen eventuell auch so, dass Sie Ihren ganz speziellen Lese-Ort haben?

Dr. Ralf N., einer unserer Bekannten, wollte sich selbständig machen. Doch irgendwie schien der richtige Zeitpunkt noch nicht gekommen zu sein. Einmal waren die finanziellen Bedingungen nicht in Ordnung, dann hatte er wieder etwas an seinem Konzept auszusetzen. Je länger der Zeitpunkt der Gründung hinausgeschoben wurde, desto unzufriedener wurde Dr. N., und er rechnete seine Businesspläne immer wieder durch. Eines Tages kam er auf einer Geschäftsreise durch eine Neubausiedlung, in der eine Computer-Software Firma ein neues Geschäftszentrum begonnen hatte. Dr. N. sah den Ort und war sich plötzlich 100% sicher, dass er seine Gründung an diesem Platz vollziehen wollte. Heute sagt er, er sei von der ersten Sekunde an diesem Ort glücklich gewesen.

Welche besonderen Orte haben Sie?

Die Welt strukturieren: Menschen

tracking

figuring
picturing
chunking
associating

testing

LernNavigator
Orientierungs-
muster

travelling

Steuerungsfragen
Metaphern
König
Flösserprinzip
Geographie
Ensemble
Bagua

Auf Menschen orientiert denkt eine Person gewöhnlich, dass Menschen und deren Gefühle die Aufgaben sind, die es zu bewältigen gilt. Sie organisiert dann Arbeit so, dass sie unter Menschen ist und konzentriert ihre Anstrengungen auf diese Menschen. Sie kann sich auf Sachabläufe, Dinge und Ideen zwar konzentrieren, aber nicht hauptsächlich. Wenn sie Aufgaben erledigt, dann gilt ihre Aufmerksamkeit gewöhnlich Menschen und deren Gefühlen. Wissen scheint durch Personen vermittelt und aus der Kenntnis der Menschen zu entstehen.

Viele wählen z.B. einen sozialen Beruf, weil sie gerne mit Menschen zu tun haben möchten. Nach welchen Kriterien haben Sie Ihren Beruf gewählt?

In einem Firmencoaching bat uns einer der Geschäftsführer, mit einem Mitarbeiter zu sprechen. Dieser Mitarbeiter sollte in eine Managementposition mit deutlich höherem Gehalt befördert werden und hatte bislang abgelehnt, obwohl ihm neben Geld sehr attraktive Leistungen angeboten worden waren. Der Geschäftsleitung war dieses Verhalten des sonst als rational und zielstrebig bekannten Mitarbeiters unverständlich. Im Coachinggespräch zeigte sich, dass der Mitarbeiter die Befürchtung hatte, durch neue Managementposition den Kontakt zu seinen Kollegen zu verlieren, oder, für ihn noch schlimmer, nur noch in Kontrollfunktion mit seinen Kollegen kommunizieren zu können. Die Orientierung „Menschen" war ihm so wichtig, dass er sogar auf die nächsten Karriereschritte verzichten wollte.

Welche Bedeutung haben Menschen für Sie?

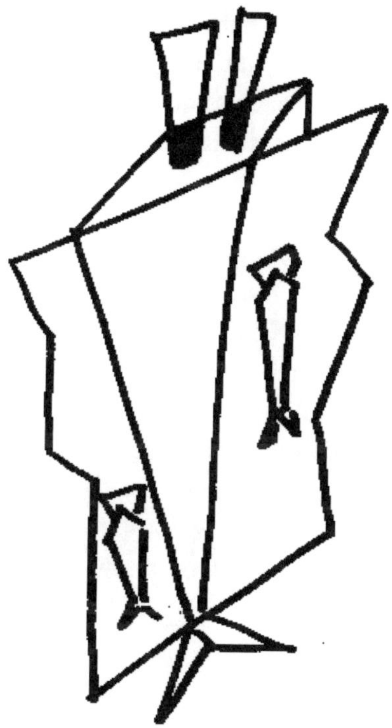

tracking

figuring
picturing
chunking
associating

testing

LernNavigator
Orientierungs-
muster

travelling

Steuerungsfragen
Metaphern
König
Flösserprinzip
Geographie
Ensemble
Bagua

Die Welt strukturieren: Dinge

In der Ding-Orientierung denkt eine Person, es sei die Hauptsache, Produkte herzustellen, sich mit Dingen zu umgeben, Ergebnisse zu erzielen. Sie organisiert die Arbeit so, dass sie mit Sachabläufen, Dingen, Werkzeugen oder strukturierten Ideen arbeiten kann. Sie konzentriert dann ihre Aufmerksamkeit und ihre Anstrengungen auf diese Sachabläufe und strukturierten Ideen. Wenn sie auch Menschen gern hat und selbst geschätzt wird, so konzentriert sie sich doch auf Sachabläufe und Dinge, während sie die Arbeit tut. Wissen scheint durch die genaue Kenntnis der Dinge zu entstehen.

Ein Trainerkollege hatte einen grossen Teil seines Werdegangs in der Ölindustrie verbracht und war fachlich hochqualifiziert. Als er wegen seiner sehr guten pädagogischen Fähigkeiten immer mehr in der Aus- und Weiterbildung eingesetzt wurde, fühlte er sich mit der Zeit immer weniger motiviert. Erst als er in einem Coaching für sich selbst erarbeiten konnte, wie er Weiterbildungen in sozialer Kompetenz mit fachlichen Beispielen und Metaphern aus der Ölbranche koppeln konnte, hatte er wieder Freude und Motivation bei seiner Arbeit

Wo orientieren Sie sich an Dingen? Haben Sie Sammlungen?

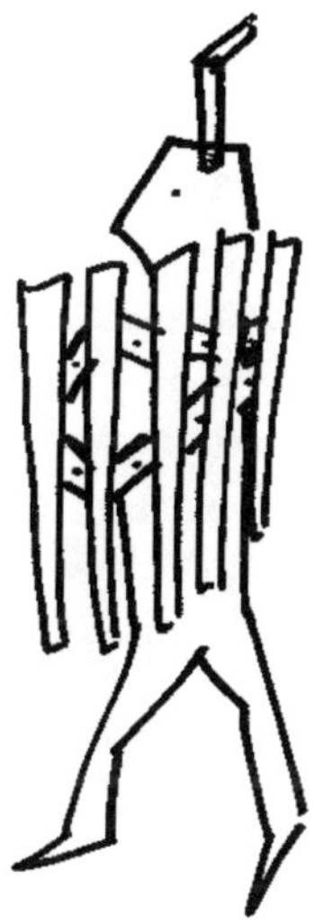

Die Welt strukturieren: Aktivitäten

tracking

figuring
picturing
chunking
associating

testing

LernNavigator
Orientierungs-
muster

travelling

Steuerungsfragen
Metaphern
König
Flösserprinzip
Geographie
Ensemble
Bagua

Eine Person, die Ihren Fokus auf Aktivitäten gerichtet hat, liebt es, wenn sie selbst aktiv sein kann, und wenn die Menschen um sie herum aktiv sind. Sie fühlt sich durch passives, abwartendes oder zögerndes Verhalten gebremst und gestört. Sie kann Schwierigkeiten haben, längere Pausen zu ertragen und Entscheidungsprozesse abzuwarten. Sie möchte handeln. Wissen scheint durch Aktivitäten zu entstehen und wird durch Aktivitäten vermittelt. „Um mich herum muss immer etwas los sein."

Manche Menschen fahren in Urlaubsgebiete, in denen viele Aktivitäten angeboten werden. Nicht unbedingt, um persönlich daran teilzunehmen, sondern weil sie Aktivitäten auch als Zuschauer reizvoll finden. Sport- und Freizeitveranstaltungen leben von diesem Phänomem – auch eine Menge Zeitschriften und TV-Programme, durch die die Aktivitäten der Welt ins Wohnzimmer geliefert werden.

Welche Aktivitäten – aktiv oder passiv – finden Sie anregend?

tracking

figuring
picturing
chunking
associating

testing

LernNavigator
Orientierungs-
muster

travelling

Steuerungsfragen
Metaphern
König
Flösserprinzip
Geographie
Ensemble
Bagua

Die Welt strukturieren: Wissen

Wird die Welt in Bezug auf Wissen strukturiert, so wird die Aufmerksamkeit auf Daten und Fakten aus Fachgebieten und Wissenschaften ausgerichtet. Sachbücher, Fachzeitschriften, Fachvorträge, Artikel in wissenschaftlichen Magazinen und Suchmaschinen im Internet sind die bevorzugten Datenquellen. Wissen kann zum Handelsgut in der Kommunikation werden. Personen mit dieser Orientierung definieren sich über Anhäufung von Wissen und finden Anerkennung über Wissensvorsprung. Wissensgebiete zu erschliessen kann zur Freizeitbeschäftigung werden.

Die Einarbeitungszeit junger Ingenieure ist in vielen Unternehmen ein Thema. Fachlich hoch qualifizierte Kräfte bringen nicht die gewünschte Leistung, weil die Schnittstelle zur Produktion viel Motivation zerstört. Die jungen Ingenieure, auf Wissen getrimmt, sollen mit den Industriemeistern, die in diesem Kontext oft Verfahrens- und Sachorientiert handeln, zurechtkommen. Die Probleme werden nicht selten als persönliche Kontroversen dargestellt, sind jedoch meist auf unterschiedliche Orientierungen zurückzuführen und durch Coaching gut zu lösen.

In welchem Lebensbereich ist Ihnen Wissen wichtig?

Reisetagebuch

tracking

figuring
picturing
chunking
associating

testing

LernNavigator
Orientierungs-
muster

travelling

Steuerungsfragen
Metaphern
König
Flösserprinzip
Geographie
Ensemble
Bagua

Herrlich, bis jetzt war es schon eine wunderschöne und erlebnisreiche Etappe.

Nun ist es Zeit, die Eindrücke zu verarbeiten, und zu sortieren, Gedanken, Bildern und Gefühlen nachzuhängen. Menschen legen in solchen Situationen Fotoalben an, führen Tagebücher und erzählen begeisterte Geschichten.

All diese Verfahren können Sie in ein Bild integrieren.

- Welche Situationen haben Ihnen auf dieser Etappe besonders gefallen?
- In welche Themen möchten Sie noch mehr eintauchen?
- Wem möchten Sie diese Etappe empfehlen?
- Was möchten Sie am liebsten gleich anwenden?
- Bringen Sie Ihre wichtigen Daten in ein mind-tracking-Bild mit einer entsprechenden Figur in der Mitte als Ausgangspunkt.

Coaching schafft Knoten

Sich in der Welt bewegen: Big Picture – detailorientiert

tracking

figuring
picturing
chunking
associating

testing

LernNavigator
Orientierungs-
muster

travelling

Steuerungsfragen
Metaphern
König
Flösserprinzip
Geographie
Ensemble
Bagua

Einheitsgrössen in der Wahrnehmung beschreiben den Vorgang, wie Menschen Daten aufnehmen und in bereits vorhandene Informationsmuster einbetten. Sie beschreiben ebenso, wie Menschen Informationen formen und diese nach aussen geben. Die Frage ist hier, wie sich jemand die Welt einteilt, um sich sicher darin zu bewegen. Geschieht das eher dadurch, dass grosse, globale Elemente, also *big pictures* betrachtet werden oder dass kleine, detaillierte Einheiten wahrgenommen werden.

In welchen Kontexten sehen Sie also mit Vorliebe den Wald oder den einzelnen Baum? Wann, in welchen Kontexten und Situationen bringt Ihnen das Vorteile?

Wo sehen Sie mit Vorliebe den Wald und wo den einzelnen Baum?

Big Picture – detailorientiert

Big Picture verschafft einen Überblick und macht es möglich, das Weltenchaos zu ordnen. Von Managern oder Politikern wird die Fähigkeit zur generellen Wahrnehmung, zum Big Picture gefordert.

Eine Person, die in einer bestimmten Situation **grosse Bilder** benutzt denkt eher in

- grossen Mustern
- grossen Einheiten
- generellem Überblick

Sie könnte zum Beispiel sagen: „Diese Information ist bedeutend, dieses Plakat zeigt alle Zusammenhänge."

> Ein Coachingsauftrag sollte andauernde Streitigkeiten zwischen dem Marketingleiter und dem Leiter des Controllings eines Unternehmens schlichten helfen. Der Coach entdeckte sehr bald, dass der Marketingleiter bei seiner Tätigkeit in grossen Bildern (Big Pictures) dachte. Er entwickelte aus dieser Weltsicht heraus grosse Konzepte, erschloss im Geiste neue Märkte und verplante damit Millionen, die dem Controllingleiter nicht zur Verfügung standen. Dieser bekam Angst und bremste den Marketingmenschen in jeder Teamsitzung mit Killerphrasen wie: „Das ist zu teuer, ruinös, nicht durchdacht etc. ..."

Das erfolgreiche Coaching bestand darin, die hinter den verbalen Angriffen ruhenden Muster (Big Picture/detailorientiert) deutlich werden zu lassen und mit den Beteiligten auszubalancieren. Der Vorteil dieser Methode liegt in der Trennung zwischen Person und Orientierungsmuster. Eine Person ist *nicht* ihr Orientierungsmuster, sondern sie benutzt dieses nur.

Wo denken Sie in Big Pictures?

detailorientiert – Big Picture

tracking

figuring
picturing
chunking
associating

testing

LernNavigator
Orientierungs-
muster

travelling

Steuerungsfragen
Metaphern
König
Flösserprinzip
Geographie
Ensemble
Bagua

Detaillierte Wahrnehmung verschafft Kenntnis im Einzelnen. Wir erwarten zum Beispiel von einem Zahnarzt, dass er detailgenau arbeitet und nicht einfach mal so eine ganze Zahnreihe abschleift. Ebenso wird eine Restauratorin alter Bilder die Details haargenau wieder herstellen wollen, statt die Bilder mit einer neuen Farbe grossflächig zu übermalen.

Eine Person, die in einer bestimmten Situation kleine Einheiten bildet, denkt eher in

- kleinen Mustern
- kleinen Bildern, spricht dafür mehr mit sich selbst
- Details

Sie könnte zum Beispiel sagen: „Am 12. Mai 2000 wurden um 10.30 Uhr in der Stuttgarter Innenstadt am Charlottenplatz 32,5 Grad Celsius mit der Quecksilbersäule gemessen. Bis heute ist das die höchste Temperatur dieses Jahres."

Einer der Autoren wurde von einem Mitarbeiter eines grossen Automobilwerkes zur Arbeitsplatzbesichtigung eingeladen. In einem speziell beleuchteten Raum wurden frisch lackierte Fahrzeuge begutachtet. Aufgefordert, zu beschreiben, was er sehe, antwortete der Autor: „Eine gute Lackierung." Worauf der Mitarbeiter fast böse wurde und mit einem Lichtstift auf Lackkrater, -nasen und -schlieren aufmerksam machte. Es dauerte einige Augenblicke, bis der Besucher seine *big picture* Orientierung in *Detail Orientierung* geändert hatte und die gezeigten Einzelheiten wirklich sehen konnte.

Wo denken oder handeln Sie in detailorientiert?

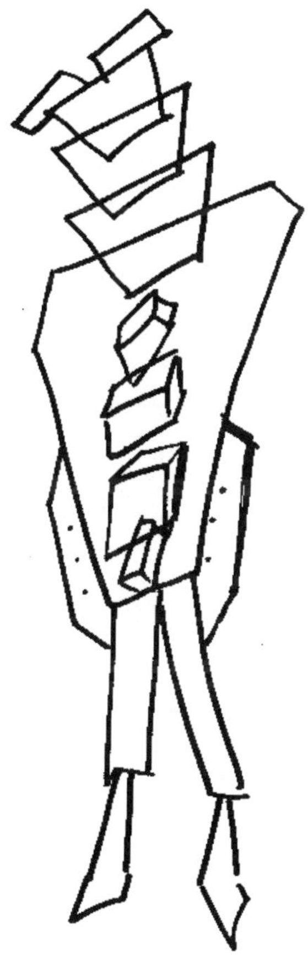

Sich in der Welt bewegen: Fokus auf sich selbst – Fokus auf andere

tracking

figuring
picturing
chunking
associating

testing

LernNavigator
Orientierungs-
muster

travelling

Steuerungsfragen
Metaphern
König
Flösserprinzip
Geographie
Ensemble
Bagua

Wir sind der Meinung, dass wir durch den Fokus unserer Wahrnehmung auch den Inhalt des Wahrgenommenen mit bestimmen. Wenn unser Fokus auf Negativem liegt, so werden wir mehr negative Erfahrungen machen, als Menschen, deren Fokus auf Positivem liegt und die das Positive zuerst bemerken. Es macht einen Unterschied, ob der Fokus unserer Aufmerksamkeit eher auf Orten, Menschen, Dingen, Aktivitäten oder Wissen liegt, ob wir darin die positiven oder die negativen Entwicklungen hauptsächlich beachten und wie weit wir dabei ins Detail gehen.

Grundsätzlich gilt, dass wir, je detailorientierter wir uns einstellen, unser körperliches Erleben stärker mit einbeziehen. Richten wir nun den Wahrnehmungsfokus auf „Selbst", dann werden unsere körperlichen Reaktionen zu einem wichtigen Filter der Wahrnehmung. Richten wir unseren Fokus auf „Andere", dann wollen wir über die Reaktion anderer Menschen erfahren, wie wir handeln sollen.

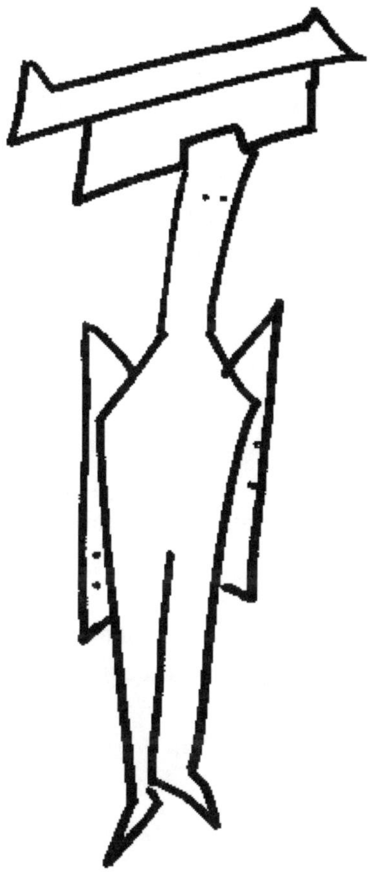

Fokus auf sich selbst – Fokus auf andere

tracking

figuring
picturing
chunking
associating

testing

LernNavigator
Orientierungs-
muster

travelling

Steuerungsfragen
Metaphern
König
Flösserprinzip
Geographie
Ensemble
Bagua

Eine Person, die in einer bestimmten Situation den Fokus auf sich selbst richtet:

- Zollt den eigenen Gedanken und den eigenen Gefühlen Aufmerksamkeit.
- Hat die Tendenz, visuelle und auditive Daten, die von einer anderen Person kommen, auszufiltern.
- Fühlt sich mit technischen Arbeiten, die sie unabhängig erledigen kann, eher wohl.
- Weiss, dass sie etwas verstanden hat, wenn sie ihr richtiges Gefühl bekommt, sie achtet nur wenig auf die Erwiderungen von anderen Personen.
- Hat die Tendenz, nicht auf die andere Person und deren Reaktionen innerhalb einer Kommunikation aufmerksam zu sein.
- Hat weniger gute Fähigkeiten, Kontakte mit anderen Menschen herzustellen.

Der Geschäftsleiter einer GmbH klagte darüber, dass er alles selbst entscheiden und eigentlich auch machen müsse. Er scheute sich auch nicht, einmal pro Woche sehr laut zu fragen, ob er denn nur von Idioten umgeben sei. Ergebnis dieses extremen *Fokus auf sich selbst* war, dass ihn nur wenige Mitarbeiter ansprachen und der Datenfluss nach oben immer dünner und gefilterter wurde. Je mehr das allerdings der Fall war, desto mehr festigte sich die Überzeugung des Geschäftsführers, für alles verantwortlich zu sein.
Das Coaching konnte in der Auflösung dieses Teufelskreises gute Ergebnisse erzielen, indem zusätzlich ein *Fokus auf andere* eingeübt wurde.

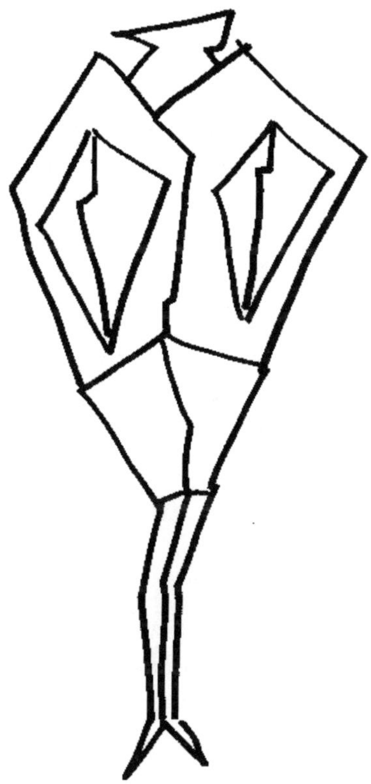

Fokus auf andere – Fokus auf sich selbst

Eine Person, die sich in einer bestimmten Situation auf andere konzentriert:

tracking

figuring
picturing
chunking
associating

testing

LernNavigator
Orientierungsmuster

travelling

Steuerungsfragen
Metaphern
König
Flösserprinzip
Geographie
Ensemble
Bagua

- Zollt den Gedanken und den Gefühlen der Mitmenschen Aufmerksamkeit.
- Hat die Tendenz, visuelle und auditive Daten, die von einer anderen Person kommen, als allein gültig anzunehmen.
- Fühlt sich mit Arbeiten, die sie zusammen mit anderen erledigen kann, eher wohl.
- Weiss, dass sie etwas verstanden hat, wenn andere sie darin bestärken (Prüfungsnoten, Zertifikate etc.). Sie achtet nur wenig auf ihre eigenen Gefühle.
- Sie hat die Tendenz, auf die andere Person und deren Reaktionen innerhalb einer Kommunikation aufmerksam zu sein.
- Hat gute Kontakt-Fähigkeiten.

Aufgrund organisatorischer Rationalisierungsmassnahmen war eine Person mit „niederem Kompetenzlevel" aus einer Verkaufs-Abteilung in die Registratur versetzt worden. Nach zwei Wochen befand sich die vormals kämpferische „Front Abteilung" in desolatem Zustand. Im Teamcoaching zeigte sich, dass die in die Registratur versetzte Person sehr stark auf andere fokussiert war. Sie schrieb zwar wenig Aufträge, unterstützte aber das Team bei Höchstleistungen, gab Daten weiter, „organisierte das Hinterland" und hielt Teamkollegen den Rücken frei. *Fokus auf andere* kann integrative und unterstützende Wirkungen haben.

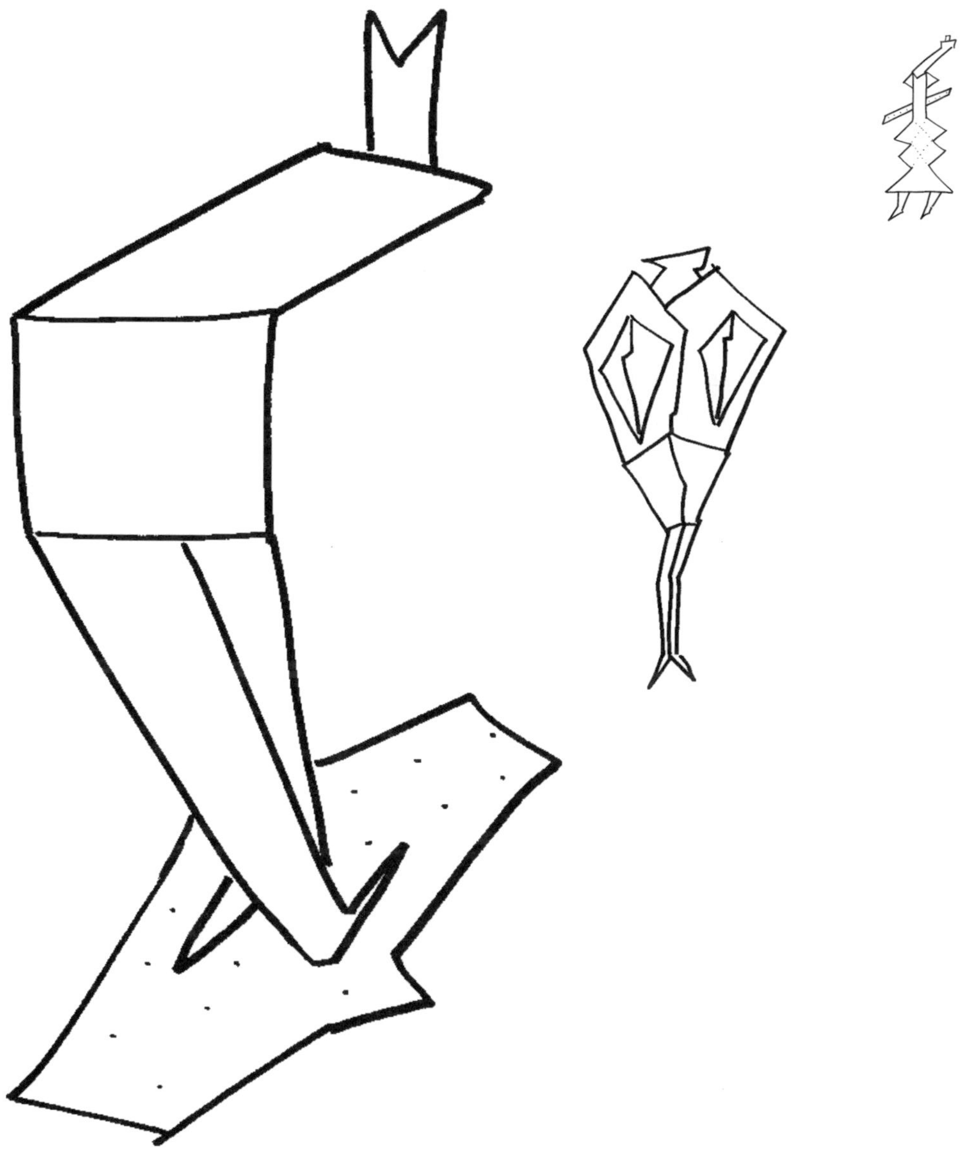

Coaching reorganisiert Kräfte

Sich in der Welt bewegen: Internal – External

tracking

figuring
picturing
chunking
associating

testing

LernNavigator
Orientierungs-muster

travelling

Steuerungsfragen
Metaphern
König
Flösserprinzip
Geographie
Ensemble
Bagua

Hier erfahren Sie nach welchen Massstäben jemand entscheidet, dass er/sie eine Sache gut gemacht hat. Im Prinzip gibt es zwei Möglichkeiten – ein innerer Testort, wo die eigenen Gefühle zu Entscheidungen herangezogen werden oder ein äusserer (externaler Testort), wo die Entscheidung unter starker Berücksichtigung der Meinung anderer erfolgt.

Sie kennen Situationen in Ihrem Leben, wo Sie sehr auf andere Personen geachtet haben, um eine Entscheidung zu treffen. Manchmal bestellen Sie vielleicht auf diese Weise das Essen in einem Restaurant. Sie warten was die anderen Gäste am Tisch bestellen, fragen, was der Kellner empfiehlt und entscheiden sich dann external. In anderen Situationen entscheiden Sie einfach nach Ihrem inneren Gefühl, also internal. Sie merken: „Das ist richtig“ und tun es einfach, ohne jemand anderen zu fragen.

Coaching löst Klarheit

Internal – External

Motivation, Validierung und Autorität werden *internal*, in der Person selbst erzeugt.

Personen mit dieser Orientierung sprechen darüber, wie sie Entscheidungen treffen. Sie entscheiden selbst.

- Die Überprüfung der Stimmigkeit einer Entscheidung ist innen, also oft gefühlsmässig.
- Personen, die dieses Muster benutzen, haben manchmal Probleme, Feedback zu akzeptieren, weil sie bereits entschieden haben, was Richtig ist.
- Diese Personen sagen z.B. „Ich weiss genau, was ich will."

Um mit diesem Muster in Kontakt zu kommen, ist es wichtig, an eine Entscheidung zu denken, die Sie bereits getroffen haben. Wie sind Sie beim Entscheidungsprozess vorgegangen, was haben Sie gedacht, gefühlt, haben Sie jemanden miteinbezogen etc. ...?

In einer Coachingsituation klagt ein Manager darüber, vor jeder Entscheidung erst fragen zu müssen und durch zu viele Regeln in seiner Freiheit eingeschränkt zu sein. Nach seinem Lebenslauf befragt, erzählte er strahlend, dass er 12 Jahre selbständiger Inhaber und Geschäftsführer einer kleinen GmbH war, diese aber wegen widriger Marktbedingungen aufgeben musste. An internale Entscheidungen gewöhnt, musste er erst wieder lernen, Rückfragen und Rückmeldungen als Teil eines Feedbackprozesses zu betrachten. Als ihm das durch die Hilfe des Coaches gelang, fühlte er sich in seinem Arbeitsumfeld wohler und wurde leistungsfähiger und leistungsbereiter als vorher.

tracking
figuring
picturing
chunking
associating
testing
LernNavigator
Orientierungs-
muster
travelling
Steuerungsfragen
Metaphern
König
Flösserprinzip
Geographie
Ensemble
Bagua

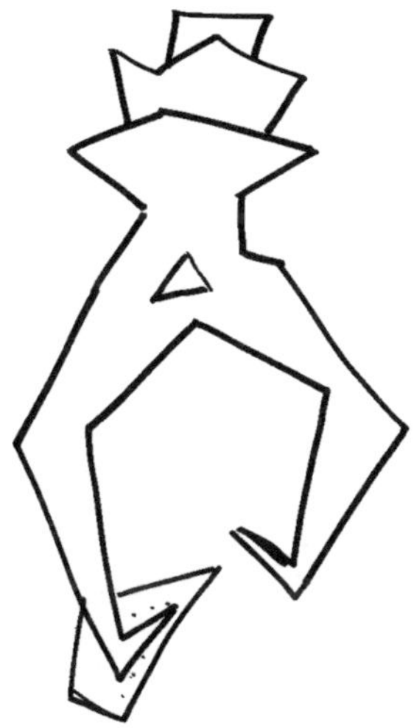

External – Internal

Motivation, Validierung und Autorität werden *external*, also ausserhalb erzeugt. Mit dieser Orientierung fragt eine Person nach, ob die getroffene Entscheidung richtig war.

- Sie entscheidet nach Befragung anderer.
- Die Überprüfung der Stimmigkeit ist aussen.
- Feedback wird gesucht, und es können manchmal Probleme auftreten, aus den von anderen angebotenen Ansichten auszuwählen.

Um mit diesem Muster in Kontakt zu kommen, ist es wichtig, herauszufinden, wer als Autorität angesehen wird.

Ein erfolgreicher Trainerkollege war selbst nach sehr guten Seminaren oft unzufrieden mit seiner Arbeit. Die Teilnehmer und die positiven Bewertungen in den Feedbackbögen konnten ihm nicht genug versichern, dass das Seminar gut war. Er entwickelte immer raffiniertere und umfangreichere Validierungsprozesse für seine Arbeit. Als sein Seminarkonzept auf Grund übertriebener Rückversicherungen aus der Balance zu geraten drohte, beschäftigte er sich in einem Coaching intensiver mit seiner external orientierten Entscheidungsstrategie. Er konnte wieder zu einem ausgewogenen und guten Seminarkonzept zurückfinden.

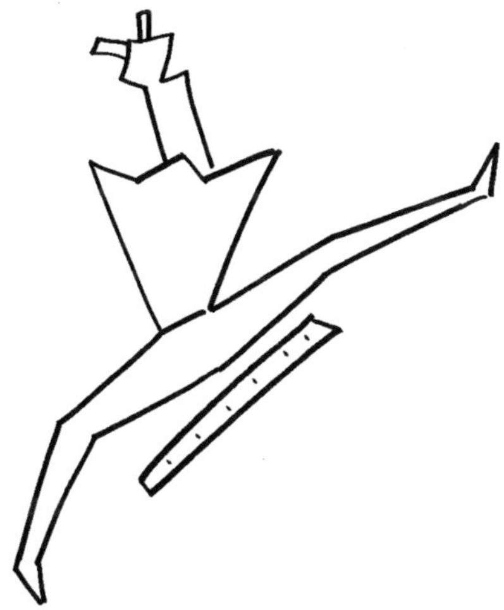

Sich in der Welt bewegen: Abfolgen – Wahlmöglichkeiten

tracking

figuring
picturing
chunking
associating

testing

LernNavigator
Orientierungs-
muster

travelling

Steuerungsfragen
Metaphern
König
Flösserprinzip
Geographie
Ensemble
Bagua

Dieser Bereich der Orientierungsmuster beschäftigt sich damit, wie Menschen sich motivieren und ihre Arbeit strukturieren möchten. Bei Feuerwehrleuten, Piloten oder Chirurgen schätzen wir die Arbeitsorganisation nach Abfolgen. Ein Handgriff sollte hier sinnvoll auf den anderen folgen. Wahlmöglichkeiten erwarten wir von Coaches, Trainern und Werbeleuten.

Erinnerung: Bitte lesen Sie nochmals das Kapitel tracking, denn jetzt geht es darum, dass Sie alle Visualisierungsmöglichkeiten nutzen und damit trainieren.

Abfolgen – Wahlmöglichkeiten

tracking

figuring
picturing
chunking
associating

testing

LernNavigator
Orientierungs-muster

travelling

Steuerungsfragen
Metaphern
König
Flösserprinzip
Geographie
Ensemble
Bagua

- In bestimmten Situationen folgen Personen mit dieser Orientierung Prozeduren und Abfolgen. Sie haben aber Schwierigkeiten, selbst Prozeduren zu entwerfen.
- Wenn bestimmte Prozeduren nicht mehr weiter verfolgt werden können, oder wenn die Person den richtigen Weg nicht kennt, dann weiss sie häufig nicht, was weiter zu tun ist.
- Personen mit dieser Orientierung haben die Tendenz, sich mit bekannten Verfahren zu beschäftigen.
- Bei Fragen antwortet diese Person häufig, als hätte sie eine Wie-Frage gestellt bekommen.
- Sie antwortet gerne mit Geschichten und Fakten.
- Sie ist viel mehr an den Geschichten selbst interessiert, als diese zu ergründen oder die Geschichten in ihren Zusammenhängen zu beurteilen.

Delegation ist ein wichtiges Management Thema. Manche Führungsperson hat den Eindruck, am besten alles selbst zu machen, während eine andere Führungskraft soviel wie möglich delegiert. Delegation und Motivation sind Partner im täglichen Management. Wer gut delegiert, hat Zeit sich wirklich mit Führung und Coaching zu beschäftigen. Jeder Manager mit Personalverantwortung sollte seine Delegationsarten danach ausrichten, ob sich der Mitarbeiter in einem bestimmten Kontext eher an „Abfolgen" oder an „Wahlmöglichkeiten" orientiert. Bei einer Orientierung nach „Abfolgen" sollte Detailgenau delegiert und überprüft werden, bei einer Orientierung nach „Wahlmöglichkeiten" würde so ein Delegationsprinzip auf Ablehnung und Unverständnis stossen und Widerstand hervorrufen.

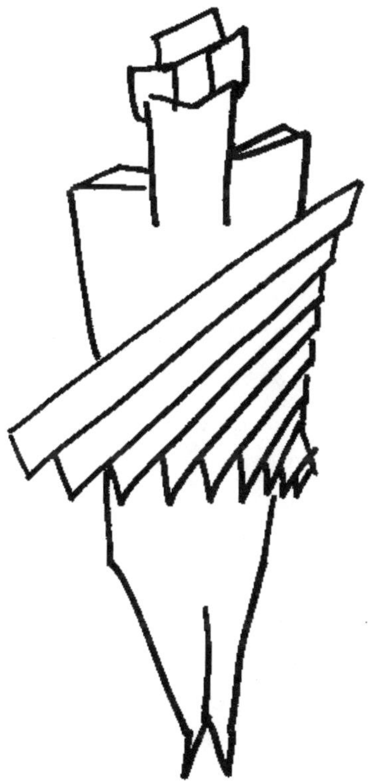

Wahlmöglichkeiten – Abfolgen

tracking
figuring
picturing
chunking
associating

testing
LernNavigator
Orientierungs-
muster

travelling
Steuerungsfragen
Metaphern
König
Flösserprinzip
Geographie
Ensemble
Bagua

- In bestimmten Situationen möchte eine Person mit dieser Orientierung Wahlmöglichkeiten haben und kann daraus selbst Prozeduren entwerfen.
- Sie hat allerdings wenig Interesse, bestimmte Prozeduren weiter zu verfolgen und wendet sich lieber Neuem zu.
- Diese Orientierung fördert die Tendenz, sich mit neuen Möglichkeiten und Variationen zu beschäftigen.
- Sie ist viel mehr an den Optionen interessiert, als Inhalte zu ergründen.

So können im Coaching Wahlmöglichkeiten und Abfolgen mit Erfolg ausbalanciert werden: Eine Werbeagentur war nach spektakulären Anfangserfolgen ins Trudeln geraten. War ein Neukunde zu bewerben, so begeisterten sich alle Mitarbeiter, arbeiteten 16 Stunden mit hoher Kreativität und vollem Einsatz. Beim zweiten oder gar dritten Auftrag für das gleiche Produkt stürzte die Motivation in sich zusammen. Der Grund lag darin, dass sich die Kundenforderung auf Abfolgen „das ist erfolreich, so machen wir es weiter" bezog und für kreative Aktivitäten scheinbar keinen Raum mehr liess. Als die Werber begannen, das Ziel ihrer kreativen Ideen und Wahlmöglichkeiten in den Kunden und nicht mehr allein im Produkt zu sehen, verbesserte sich die Performance.

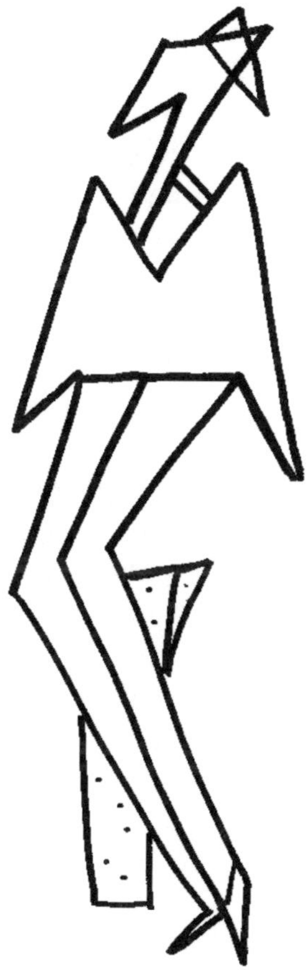

tracking
figuring
picturing
chunking
associating

testing

LernNavigator
Orientierungs-
muster

travelling

Steuerungsfragen
Metaphern
König
Flösserprinzip
Geographie
Ensemble
Bagua

Sich in der Welt bewegen: hin zu – weg von

Wann immer Sie sich bewegen, Sie tun es in eine Richtung, entweder nach rechts, links, oben, unten, auf einen Gegenstand oder eine Person zu oder von einer Sache weg.

Die Bewegungsmuster einer Person können als Bewegung hin zu etwas oder als Bewegung weg von etwas gekennzeichnet werden. Aus welcher Bewegungsrichtung nimmt die Person ihre Motivation? Geht sie hin zu oder geht sie weg von etwas?

Erinnern Sie sich selbst an das letzte Mal, da Sie den Wohnort gewechselt hatten. Sind Sie zu Ihrem neuen Wohnort hin gezogen oder vom alten Wohnort weggezogen?

Der Kontext, die Situation entscheidet, ob eine *hin zu* oder eine *weg von* Bewegung sinnvoll ist. Wer sich mit Selbstverteidigung beschäftigt lernt ausweichen, das heisst, sich von einem Ort weg, zu einem anderen Ort, wo noch Handlungsspielraum besteht, hinbewegen. Anfänger machen oft den Fehler, sich so stark auf den Angriff zu fokussieren, dass sie starr werden. Bleiben Sie beweglich, Bewegung ist Leben.

hin zu – weg von

Ziele kennen und sich auf diese Ziele hin bewegen ist eine Forderung unserer Zeit. Wenn ich Lebens- und Coachingthemen leicht angehen und lösen will, so hilft mir eine Zielformulierung auf die ich mein Handeln ausrichten kann.

tracking
figuring
picturing
chunking
associating

testing
LernNavigator
Orientierungs-
muster

travelling
Steuerungsfragen
Metaphern
König
Flösserprinzip
Geographie
Ensemble
Bagua

- Die Person spricht in einer bestimmten Situation darüber, was sie möchte und was sie gerne hat.
- Sie orientiert sich an Zielen.
- Sie will etwas erreichn.
- Sie teilt mit, was sie haben möchte und was sie nutzen möchte.
- Sie verhält sich optimistisch.
- Sie hat die Tendenz, Dinge, die eventuell schieflaufen könnten, zu ignorieren und auszublenden, was falsch sein könnte.

In der Personalauswahl sind hin zu Muster lange Zeit als den weg von Mustern überlegen bewertet worden. Vor allem in Organisationen, die über Visionen streuern, scheint die hin zu Orientierung ideal. In einem Coaching forderte vor kurzem ein erfolgreicher Berater, hypnotisiert zu werden. Er wollte mit weniger Nachtschlaf auskommen und so mehr Aufträge erledigen können.
Auf die Frage des Coaches, wieviele Stunden pro Nacht er denn jetzt schlafe, antwortete er: „drei Stunden". Der Coach bemerkte daraufhin, dass hin zu mehr Aufträgen hier scheinbar weg von Schlaf, Erholung und eventuell Gesundheit bedeuten könnte. Es wurde eine bessere Zieldefinition gefunden.

In welchen Situationen arbeiten Sie mit attraktiven Zielen?

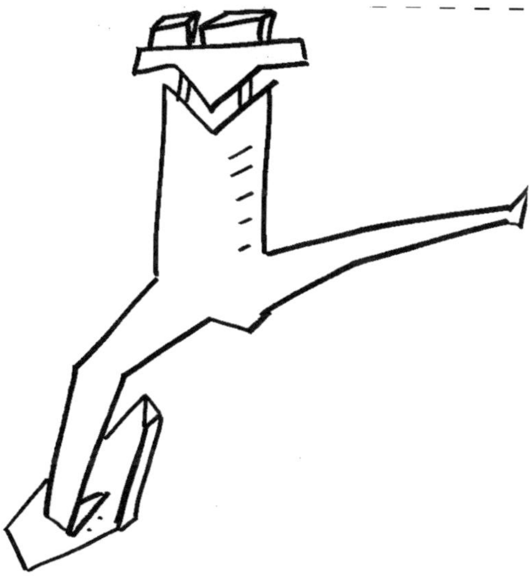

weg von – hin zu

Eine gesunde weg von Orientierung kann Grenzen bestimmen und Energie freisetzen, damit belastende Situationen verändert werden können. Als Energieschub, das Leben selbst in die Hand zu nehmen und zu gestalten ist diese Orientierung durchaus nützlich.

- Die Person spricht in einem bestimmten Kontext darüber, was sie nicht mehr möchte und was sie nicht mag.
- Sie orientiert sich oft in der Vergangenheit orientiert.
- Sie will von etwas weggehen.
- Sie möchte etwas hinter sich lassen, vergessen können.
- Sie teilt mit, was sie vermeiden möchte.
- Sie hat die Tendenz, Dinge, die eventuell schief laufen, genau zu betrachten und dabei Möglichkeiten und Chancen auszublenden.

Vielleicht kennen Sie den Satz, von dem Taxifahrer träumen, er lautet: „Bringen Sie mich weg von hier!“ Bleibt der Fahrgast bei dieser Formulierung, so wird die Fahrt nie enden. Im Taxi werden wir also immer ein genaues Fahrtziel formulieren, nur im täglichen Leben vergessen wir das manchmal. Hin zu Orientierung ist sehr kraftvoll, setzt jedoch voraus, dass wir den Ort, den wir erreichen wollen kennen. Am Besten formulieren wir ein Ziel mit dem COACH – Zielmodell (vgl. Coaching – das Flösserprinzip), durch dieses systemische Vorgehen wird garantiert, dass wir das Ziel auch erreichen wollen und sich eine kraftvolle hin zu Bewegung lohnt.

tracking
figuring
picturing
chunking
associating

testing
LernNavigator
Orientierungs-
muster

travelling
Steuerungsfragen
Metaphern
König
Flösserprinzip
Geographie
Ensemble
Bagua

In welchen Situation bewegen Sie sich über Probleme

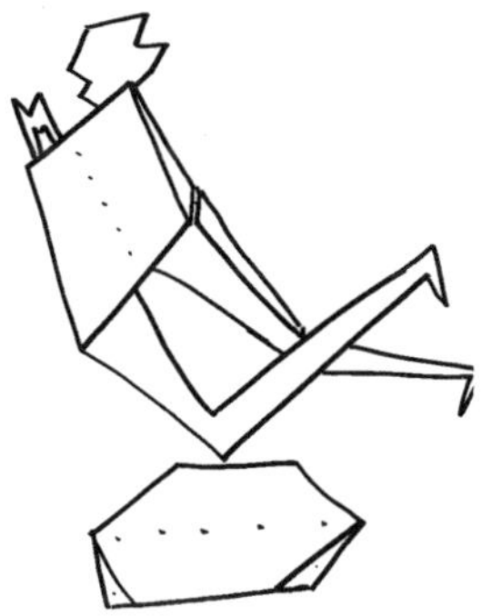

Sich in der Welt bewegen: aktiv – reflektiv

Nun, nachdem Sie Ihre Bewegungsrichtung kennen, gilt es, den ersten Schritt zu tun. Was ist Ihre Vorliebe? Warten Sie, bis die Umstände Ihr Handeln fordern (reflektiv bzw. reaktiv) oder inszenieren Sie aktiv eine Veränderung der Verhältnisse? Kommt auf die Situation an? Genau!

Hier stellt sich die Frage nach der Handlungsdynamik. Manchmal ist es wichtig, dass sich etwas tut, etwas bewegt wird. In einer Teamsitzung sagt vielleicht jemand als Aufforderung zum aktiven Verhalten: „Lassen wir jetzt das Gerede und packen alle gemeinsam an, dann haben wir das Problem schnell gelöst.“

In anderen Situationen lohnt es sich, erst einmal abzuwarten und die Konsequenzen einer Handlung zu überdenken, sich also eher reaktiv bzw. reflektiv zu verhalten.

aktiv – reflektiv

Sie kennen Situationen oder Zeiten, in denen Sie aktiv sind. Ohne lange zu fragen oder nachzudenken, packen Sie die Lösung eines Problems an. Sie geniessen es dann, wenn Sie etwas tun können, sich bewegen, Handgriffe ergeben sich wie von selbst.

- In solchen Situationen initiieren Sie Aktionen.
- Agieren Sie, statt darüber zu sprechen.
- Beeinflussen Sie die Welt und regt Änderungen an.
- Benutzen Sie viele aktive Verben in der Sprache. Beisp: „Ich trinke Wasser, ich überlege mir, Wasser zu trinken."
- Die eigenen Aktionen werden den eigenen Zielen zugeordnet.

Unsere Verkäufer sollen aktiv an den Kunden herangehen, aktiv verkaufen, wir arbeiten aktiv an der Umsetzung unserer Visionen. Aktiv ist heute ein sehr beliebtes Orientierungsmuster. Wer sein Leben aktiv gestaltet und das durch Fitness, Sport, Dynamik und Power zeigt, kann sich grosser Bestätigung gewiss sein. Aktiv für die Verwirklichung meiner Ziele eintreten, selbst aktiv die notwendigen Veränderungen angehen, damit ich mein Leben selbst so gestalten kann, wie es für mich und meine Umwelt lebenswert ist, wird auch oft als Ziel im Coaching genannt. Neue Methoden wie mentales Training, visualisieren, Zukunftsszenarien, Zeitlinienarbeiten können helfen, eine reaktive Opferposition zu verlassen, um aktiv die eigene Lebensgestaltung anzugehen.

In welchen Situationen handeln Sie mit Vorliebe aktiv,
ohne langes Zögern oder Überdenken der Situation?

reflektiv – aktiv

tracking

figuring
picturing
chunking
associating

testing

LernNavigator
Orientierungs-
muster

travelling

Steuerungsfragen
Metaphern
König
Flösserprinzip
Geographie
Ensemble
Bagua

In aktiven Unternehmenskulturen wird zögerndes Verhalten manchmal vorschnell als bremsend empfunden und negativ bewertet. Wir plädieren dafür, dieses Orientierungsmuster reflektiv als Test für die Ökologie, die systemische Stimmigkeit einer Entscheidung gelten zu lassen und zu würdigen. Wird dieses Muster als sinnvoll anerkannt, so verliert es häufig eine eventuell vorhandene überstarke Ausprägung und kann leicht ausbalanciert werden.

Eine Person mit dieser Orientierung
- überdenkt mögliche Aktionen,
- spricht über das, was man tun könnte,
- überschaut die Welt und diskutiert das Für und Wider,
- nutzt die passive Sprache. Z.B.:„Ich denke daran, Wasser zu trinken, wenn..."
- gleicht eigene Aktionen mit eigenen oder fremden Zielen ab.

> Ein chinesischer Bauer hatte ein schönes Pferd und war sehr stolz darauf. Die Nachbarn beneideten ihn ein wenig und als eines Tages das Gatter leer war, kamen sie gelaufen und riefen (auf chinesisch natürlich): „Dein Pferd ist weg, Du musst was tun, geh, suche es!" Der Bauer rührte sich nicht, erwiderte: „Es wird schon für etwas gut sein" und ging ins Haus. Drei Tage später war das Pferd zurückgekommen und mit ihm drei weitere wilde Pferde. Der Sohn des Bauern wollte das Schönste zureiten, wurde abgeworfen und brach sich mehrere Knochen. Wieder kamen die Nachbarn: „Nun hast Du zwar 4 Pferde, aber Du bist arm, denn Dein Sohn ist verletzt und wird wochenlang nicht arbeiten können." Der Bauer sagte wieder: „Es wird schon für etwas gut sein. Kurz darauf kamen Soldaten des Königs, um alle tauglichen jungen Männer zum Kriegseinsatz zu holen, nur den Bauersohn mussten sie zurücklassen.

Wie und in welchen Situationen denken Sie gerne nach:

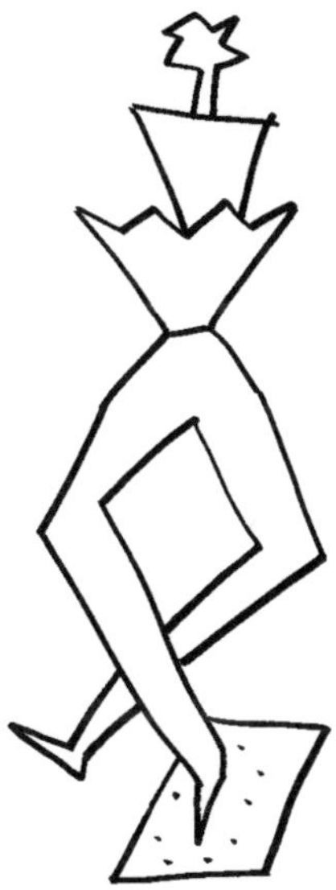

Sich in der Welt bewegen: Vergangenheit – Gegenwart – Zukunft

tracking

figuring
picturing
chunking
associating

testing

LernNavigator
Orientierungs-muster

travelling

Steuerungsfragen
Metaphern
König
Flösserprinzip
Geographie
Ensemble
Bagua

Wir sprechen und denken in Zeiträumen und Zeitstrukturen. Mit unserer Sprache markieren wir, ob wir Vergangenheit, Gegenwart oder Zukunft meinen. Manchmal haben wir einen Lieblingszeitraum, in dem wir uns ganz besonders wohl fühlen.

Manche Menschen nutzen zu ihrer Zeitorientierung Kalender oder Zeitplansysteme, andere kommen damit nicht zurecht. Zeitplansysteme sind immer nur so wirkungsvoll, wie sie mit der jeweiligen Zeitstruktur einer Person übereinstimmen.

Jemand teilt zum Beispiel seine Zeit in bestimmten Situationen nicht hauptsächlich nach Stunden oder Tagen ein, sondern mehr nach Erlebnisqualitäten. Er sagt: „Das wird eine ereignisreiche Woche, das wird eine spannende Zeit ..." und fokussiert damit innerlich mehr auf die Gefühle, als auf die Zeitstruktur. Für manche Menschen ist es wichtig, in ihrer Planung die Jahreszeiten zu repräsentieren. Frühling, Sommer, Herbst und Winter sind dann die wichtigen Zeitunterscheidungen. In den unterschiedlichen Jahreszeiten kann es sogar verschiedene Zeitlängen geben, eine Stunde im Winter kann zum Beispiel als länger empfunden werden als eine Sommerstunde.

Sie kennen Aussagen wie:
- Dort laufen die Uhren langsamer,
- die scheinen alle Zeit der Welt zu haben,
- hier ist jede Sekunde kostbar.

Zeitplansysteme erfassen die äussere, messbare Zeit. Wir reagieren aber auch auf unsere innere, subjektive Zeit. Deshalb ist es sinnvoll, die eigene innere Zeitvorstellung näher kennen zu lernen.

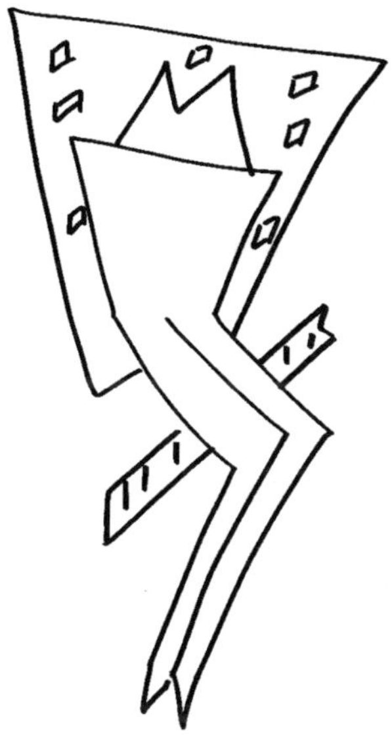

Coaching löst Kräfte

Machen Sie dazu folgende kleine Übung:

Sie sehen auf der Nebenseite ein Kästchen mit einem Pfeil. Tun Sie so, als könnten Sie in Ihrer Vorstellung das Blatt stark vergrössern, oder legen Sie das Buch auf den Fussboden, und stellen sich so darauf, dass Ihre Nase und Ihre Füsse in Pfeilrichtung zeigen.

Stellen Sie sich dann vor, Sie hätten für Ihre Gedanken unendlich viel Raum zur Verfügung. Nicht nur Ihr Gehirn, Ihren Kopf, Ihren Körper sondern weit mehr: Ihr Zimmer, den Raum der Stadt, des Landes, in dem Sie leben.

Denken Sie dann, Ihre ganze bisherige Existenz könnte sich in diesem Raum wie in einem Zeitraum abbilden. Während Sie so in Ihrer Gegenwart stehen, fragen Sie sich: „In welche Richtung möchte ich mich bewegen, um leicht Ereignisse aus der Vergangenheit wieder ins Bewusstsein zu holen." Zeichnen Sie auf das Papier einen Pfeil in diese Richtung.

Stellen Sie sich dann vor, in welche Richtung Sie sich bewegen, dass Sie leicht in die Zukunft planen und sich Situationen in der Zukunft ausmalen können. Wenn Sie einen Pfeil in diese Richtung zeichnen, erkennen Sie eine Richtung, in der es Ihnen leicht fällt, Ihre Zukunft zu projizieren.

Sie können jedes Zeitplansystem sofort stark verbessern, indem Sie es Ihren individuellen Zeitrichtungen angleichen. Wenn Sie ein Projekt in die Richtung Ihres Zukunftspfeils planen, wird Ihre ganze Aufmerksamkeit bei dieser Planung sein. Wenn Sie für dieses Projekt Erfahrungen aus Ihrer Vergangenheit mit nutzen wollen, dann begeben Sie sich in Ihrem Denken an einen Ort, von dem aus Sie die Richtung Ihrer Vergangenheit und die Richtung Ihrer Zukunft überblicken können.

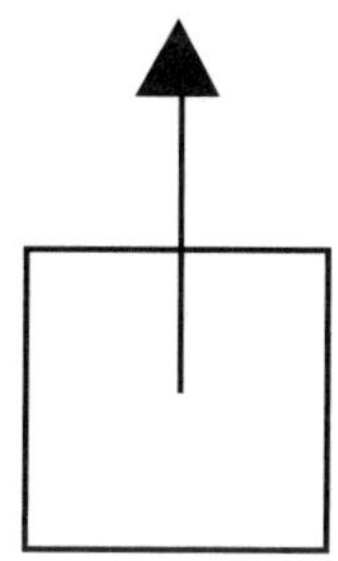

Vergangenheit – Gegenwart – Zukunft

tracking

figuring
picturing
chunking
associating

testing

LernNavigator
Orientierungs-muster

travelling

Steuerungsfragen
Metaphern
König
Flösserprinzip
Geographie
Ensemble
Bagua

Eine Person mit dieser Zeitrichtung denkt hauptsächlich an die Vergangenheit und stellt sich Ereignisse aus der Vergangenheit vor. Sie diskutiert mit anderen oder mit sich selbst immer wieder Vergangenes. Ressourcen werden aus der Vergangenheit aktiviert, und das Leben scheint in der Vergangenheit besser gewesen zu sein. Oder man hat noch die Bürde der Vergangenheit zu tragen und beklagt sich über verpasste Lernchancen und ähnliches.

In einem Teamcoaching wurde eine Person von den Kollegen als der „ewig Gestrige" bezeichnet und deshalb bei Entscheidungsprozessen oft übergangen. Wir konnten zeigen, dass dieses Team die Vergangenheitsorientierung des Teilnehmers nutzen kann, in dem es durch sprachliche Verbindungen in die Zukunft führt. Die Aussage war: „Das haben wir früher billiger gemacht!" Statt zu schimpfen und den Sprecher wegen seiner Referenz auf die VERGANGENHEIT blosszustellen, sagte das Team jetzt „und damit haben wir einen Hinweis, dass wir Kosten sparen können." Oder, „das bedeutet, wir sollten die Kostenseite nochmals überdenken." Oder, „das führt uns zu einer besseren Aufmerksamkeit für die Kostenentwicklung".

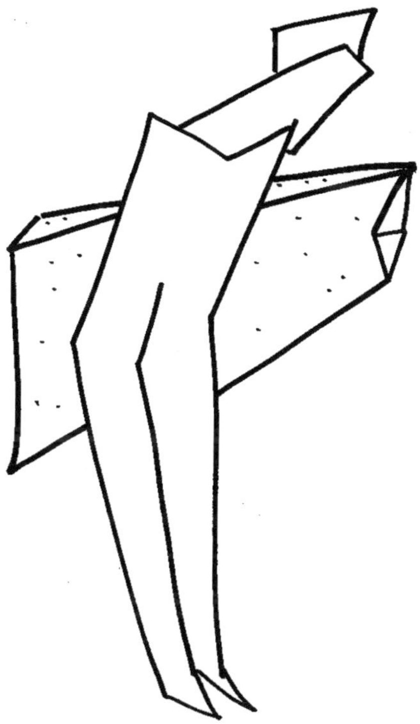

Gegenwart – Vergangenheit – Zukunft

In diesem Kontext leben Sie im Denken und Handeln hauptsächlich in der Gegenwart und möchten sich hier und jetzt gut fühlen, was jetzt erkennbar ist, darauf möchte sie einwirken.

Bei rauschenden Festen und geselligen Abenden fällt oft der Spruch: „Komm bleib doch noch hier, so jung kommen wir nicht mehr zusammen", das zeigt eine typische Gegenwartsorientierung.

Beispielsätze:

- „Ich bin wie ich bin".
- „So bin ich eben."
- „Jetzt wird gelebt."
- „Jetzt wird Gewinn gemacht."
- „Hier spielt die Musik."

In der Gegenwartsorientierung spielen Gefühle eine grosse Rolle. Wenn eine Situation als schön und angenehm erlebt wird, spielen Uhren und äussere Zeit keine Rolle mehr. Jemand geht nur mal schnell etwas einkaufen oder eine Kopie machen und kommt erst nach 5 Stunden zurück, ein interessantes Gespräch hatte die innere Zeit erfüllt und die äussere Zeit vergessen lassen.

Zukunft – Gegenwart – Vergangenheit

Ziele sind wichtig, diese Person macht sich Vorstellungen über die Zukunft. Handlungsorientierungen fallen leicht. Eltern, die behaupten, sie lebten für die Zukunft ihrer Kinder, Visionäre in Industriebetrieben, die in Szenarien der nächsten 20 Jahre leben, Politiker, die sich um das Wohl der kommenden Generation sorgen, haben den Fokus ihrer Aufmerksamkeit auf die Zukunft gerichtet.

Mit Zukunftsorientierung können Sie sich erreichbare Ziele setzen und damit auch Angst vor Strukturverlust und Sinnlosigkeit lindern.

Ende der 80er bis Anfang der 90er Jahre war diese Orientierung in grossen Firmen sehr beliebt. Visionsworkshops wurden veranstaltet und Szenarien in die Zukunft gelegt. Dann gewann die Gegenwartsorientierung wieder an Bedeutung und Controllingprozesse erhielten neue Priorität.
Zur Zeit, so unsere Beobachtung, gewinnt die Zukunftsbetrachtung wieder neue Nahrung. Besonders bedeutsam ist dies in Unternehmen, die in der Führung vor einem Generationswechsel stehen.

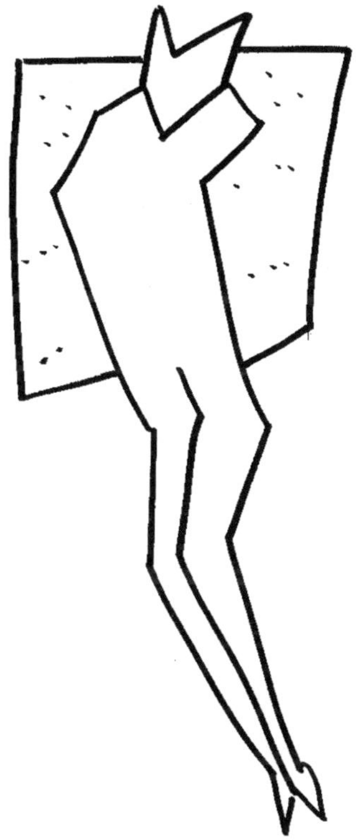

Coaching produziert Knoten

tracking

figuring
picturing
chunking
associating

testing

LernNavigator
Orientierungs-
muster

travelling

Steuerungsfragen
Metaphern
König
Flösserprinzip
Geographie
Ensemble
Bagua

Sich in der Welt bewegen: ähnlich – unterschiedlich

Oftmals sind unsere Muster, Dinge, Situationen oder Personen auszuwählen, nicht bewusst. Etwas erscheint uns attraktiv, aber darüber befragt, können wir keine rechte Auskunft geben, warum. Vielleicht noch gravierender: Sie kommen von einem Einkaufsbummel zurück und fragen sich zu Hause, weshalb Sie gerade diese Sachen, die Sie doch eigentlich gar nicht brauchen, gekauft haben. Ihr Auswahl-Fokus war Ihnen nicht bewusst.

Ähnlichkeit und Unterschiede sind Auswahlprinzipien, mit deren Hilfe sich Menschen in der Welt orientieren und bewegen. Nach Ähnlichkeit und Unterschieden organisieren wir Daten, die wir aufnehmen, damit diese zu Informationen werden und Lernen und Verstehen ermöglichen.

In welchen Situationen benötigen Sie Ähnlichkeiten und in welchen Unterschiede, um sich wohlzufühlen:

Coaching braucht Knoten

ähnlich – unterschiedlich

tracking

figuring
picturing
chunking
associating

testing

LernNavigator
Orientierungs-
muster

travelling

Steuerungsfragen
Metaphern
König
Flösserprinzip
Geographie
Ensemble
Bagua

- Menschen, die sich in einer Situation an Ähnlichkeiten orientieren, kreieren den Sinn der Welt aus einer Serie von einheitlichen Mustern.

- Sie fragen sich, was die Dinge gemeinsam haben und was die Dinge zusammenbringt.

- Sie sagen z.B. häufig, wenn sie einen neuen Menschen kennenlernen: „Der sieht so aus wie ..., die bewegt sich wie. .., ganz der Papa, ganz die Mama ..."

Wenn wir in Seminaren neue Methoden vorstellen, hören wir machmal: „Ach, das ist ja das Gleiche wie ..." Mit der Zeit haben wir gelernt, mit solchen Bemerkungen behutsam umzugehen und nicht gleich zu beweisen, dass es sich unserer Ansicht nach um etwas ganz Neues handelt. Wir würdigen zuerst die eventuellen Ähnlichkeiten mit anderen Methoden und zeigen dann die neuen Aspekte auf. So lernen Trainingsteilnehmer, die über Ähnlichkeiten strukturieren, schnell und angenehm.

In welchen Situationen nutzen Sie Ähnlichkeiten?

unterschiedlich – ähnlich

tracking

figuring
picturing
chunking
associating

testing

LernNavigator
Orientierungs-
muster

travelling

Steuerungsfragen
Metaphern
König
Flösserprinzip
Geographie
Ensemble
Bagua

- Menschen, die sich in einer Situation an Unterschieden orientieren, kreieren den Sinn der Welt aus einer Serie von unterschiedlichen, oft neuen Daten.
- Sie fragen sich, was an den Dingen neu und unterschiedlich ist und was diese UNTERSCHIEDE genau sind.
- Wenn diese Menschen aus dem Urlaub erzählen, so beschreiben sie gerne die Unterschiede zu anderen Urlauben.
- Sie sagen z.B.: „Letztes Jahr am Atlantik war es sehr windig und kühl, dieses Jahr am Mittelmeer dagegen sehr warm."

Neu, neu, neu und Neues erscheint oft besser zu sein. Diese Auswahlorientierung kann beim Korrekturlesen, Fehlersuchen, Diagnostizieren und zum Erkennen von Abweichungen sehr nützlich sein.

In welchen Situationen brauchen Sie Unterschiede?

Der Welt Bedeutung geben:
Im Team einflussorientiert – leistungsorientiert

tracking

figuring
picturing
chunking
associating

testing

LernNavigator
Orientierungs-
muster

travelling

Steuerungsfragen
Metaphern
König
Flösserprinzip
Geographie
Ensemble
Bagua

Was ist wichtig für eine Person, worauf gründet sie ihre Glaubenssätze? Wie gibt diese Person der Welt einen Sinn? Glaubenssätze sind wie eine Plattform, auf der wir handeln. Wenn ich zum Beispiel glaube, dass ich nie richtig französisch sprechen kann, dann werde ich diese Sprache wahrscheinlich auch nie richtig lernen. Eine Vision oder ein Karriereziel wird nur so gut erreichbar sein, wie es meine Glaubenssätze ermöglichen. Am Arbeitsplatz sind Glaubenssätze sehr bedeutend. Teamentwicklung, Motivation, Mobbing, Abteilungskonkurrenz werden – oft unbewusst – von Glaubenssätzen stark beeinflusst.

Im Team gibt es mindestens zwei ausgeprägte Verhaltensweisen, die auf Glaubenssätze der Teammitglieder hinweisen. Diejenigen, welche eher auf Einfluss, Macht und Status Wert legen und solche, denen Leistung und die gemeinsamen Ergebnisse wichtig sind.

TOLL,
EIN
ANDERER
MACHTS!

Im Team einflussorientiert – leistungsorientiert

tracking

figuring
picturing
chunking
associating

testing

LernNavigator
Orientierungs-
muster

travelling

Steuerungsfragen
Metaphern
König
Flösserprinzip
Geographie
Ensemble
Bagua

In der Teamarbeit ist eine Person mit dieser Orientierung vor allem an Macht interessiert. Das Team dient dann zur Verbesserung der eigenen Machtposition. Die Machtposition kann inner- oder ausserhalb eines Teams wirksam sein.

Macht und Leistung sind in diesem Fokus Hauptgesichtspunkte in der Teamarbeit. Ihr Ziel ist es, im Team eine Führungs- oder Einflussposition zu bekommen. Es gibt sehr gut funktionierende Teams, die einflussorientierte Teampartner haben. Die Motivation, durch das Team die eigenen Machtposition zu stärken, kann sehr hoch sein und dem Team viel Energie bringen.

Die Hauptorientierung sind Ziele, Herausforderungen und persönlicher Zugewinn. Dies kann über die eigene Position, über die hierarchische Anerkennung und die Statuspflege erreicht werden.

In einem Team-Konflikt war der Coaching Auftrag, dem Team zu helfen, wieder leistungsfähig zu werden. Die Kollegen und Kolleginnen hatten sich zerstritten, weil sie ihrer Meinung nach von einer Person dominiert und übergangen wurden. Die Lösung des Konfliktes bestand darin, das Team zu befähigen, statt in eine passive Leidensstarre zu fallen, der als dominant empfundenen Person attraktive Aussenaufgaben zu geben. Das einflussorientierte Teammitglied wurde zu einem schlagkräftigen Vertreter des Teams nach aussen. Davon konnten alle profitieren.

Im Team leistungsorientiert – einflussorientiert

Menschen mit diesem Fokus orientieren sich im Team stark an Leistung und achten auch auf gute Zusammenarbeit und Kooperation, um Leistung zu erbringen.

tracking
figuring
picturing
chunking
associating

testing

LernNavigator
Orientierungsmuster

travelling

Steuerungsfragen
Metaphern
König
Flösserprinzip
Geographie
Ensemble
Bagua

Sie werden selbst hohe Leistung bringen und andere Teammitglieder auch dazu animieren. Es wird darauf geachtet, dass die Teammitglieder gut miteinander arbeiten können.

Prozessorientierung steht mit dem Ziel hoher quantitativer und qualitativer Standards im Vordergrund. Synergieeffekte der Gruppe werden angestrebt und gefördert. Ein gemeinsamer leistungsorientierter Arbeitsansatz ist ein wichtiges Arbeitsmittel.

Als Teamcoach sind Sie und das Team immer wieder daran interessiert, Leistungsorientierung zu unterstützen. Sie tun das am besten, indem Sie Spielregeln vereinbaren. Mit den eigenen Spielregeln erarbeitet sich das Team einen Testkatalog, an Hand dessen überprüft werden kann, wie Leistung definiert wird und an welchen Verhaltensweisen, Leistung zu erkennen ist. Leistung braucht konkrete Bestätigung, am besten aus dem Team selbst. Das heisst, dass jedem Teamteilnehmer klar sein muss, in welchen Verhaltensweisen sich Leistung zeigt. Ist das der Fall, so stabilisieren sich Teams in ihrer Leistungsorientierung selbst.

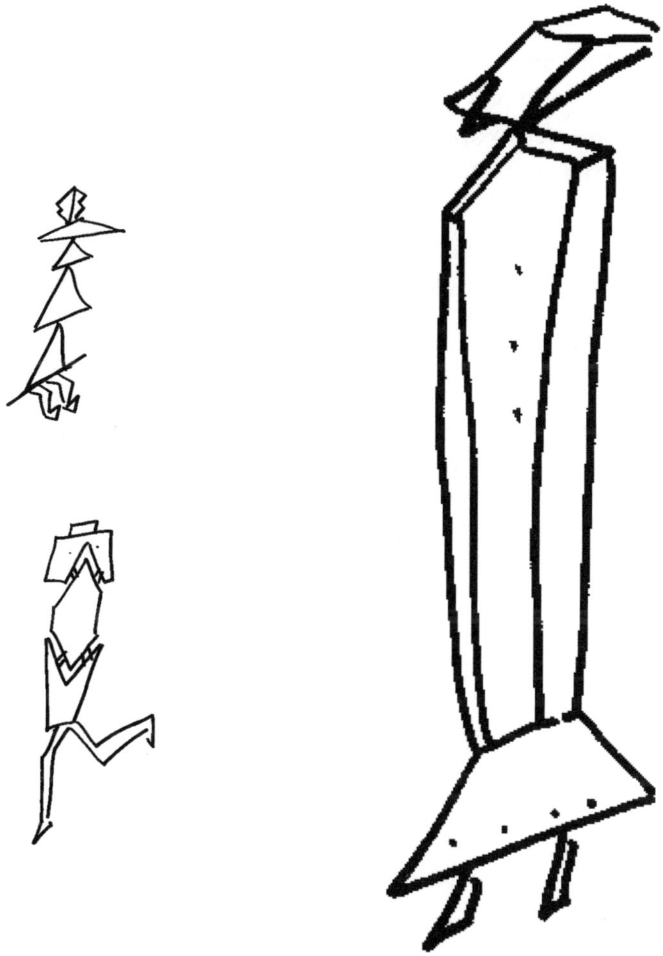

Der Welt Bedeutung geben: unabhängig – kooperativ

tracking
figuring
picturing
chunking
associating

testing
LernNavigator
Orientierungs-
muster

travelling
Steuerungsfragen
Metaphern
König
Flösserprinzip
Geographie
Ensemble
Bagua

Hier wird erörtert, in welcher Arbeitsumgebung Sie leistungsfähig sind und sich wohlfühlen. Sie kennen Kollegen und Kolleginnen, die lieber mit anderern zusammen arbeiten und solche, die es vorziehen, Ihren Arbeitsstil unabhängig von anderen zu gestalten. Teamarbeit ist schon von daher nicht für jede Aufgabe die beste Lösung. Wenn Teamarbeit verwirklicht werden soll, müssen die Mitarbeiter, deren Arbeitsstil eher unabhängig und selbst bestimmt ist, auf besondere Art motiviert sein.

Es gibt also Menschen mit unterschiedlichen Arbeitsvorlieben. Solche, die selbstbestimmt, frei und unabhängig arbeiten möchten, und andere, die die Zusammenarbeit mit Partnern suchen und brauchen.

unabhängig – kooperativ

Menschen mit dieser Perspektive finden es gut, wenn sich ihre Arbeitssituation öfter ändert. Wenn sie sicher sind, dass sie ihre Arbeit können und beherrschen, dann möchten sie neue Aufgaben. Wenn keine Veränderungen oder neue Aspekte hinzukommen, dann gehen sie von sich aus zu etwas anderem über. Sie lieben es, ungestört und allein zu arbeiten. Kooperativ können sie sein, möchten jedoch ihren Arbeitsstil beibehalten.

Finden Sie Arbeitssituationen, in denen Sie lieber unabhängig tätig sind:

\- -

\- -

\- -

\- -

\- -

\- -

\- -

\- -

\- -

\- -

\- -

tracking
figuring
picturing
chunking
associating

testing
LernNavigator
Orientierungsmuster

travelling
Steuerungsfragen
Metaphern
König
Flösserprinzip
Geographie
Ensemble
Bagua

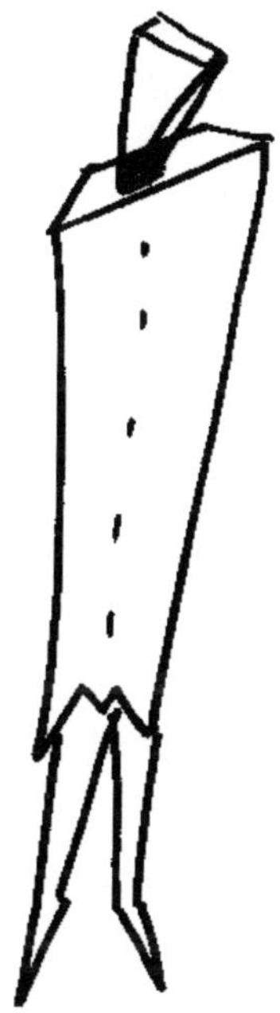

kooperativ – unabhängig

tracking

figuring
picturing
chunking
associating

testing

LernNavigator
Orientierungs-muster

travelling

Steuerungsfragen
Metaphern
König
Flösserprinzip
Geographie
Ensemble
Bagua

Menschen, die gerne kooperativ arbeiten, definieren den Sinn ihres Tuns über gemeinsame Vorgehensweisen und der festen Überzeugung, gemeinschaftlich die beste Leistung zu erbringen.

In der Zusammenarbeit entwickeln sie Aktivitäten, bei denen sich alle Beteiligten wohlfühlen. Sie setzen sich für andere ein und erledigen Arbeiten für die Gemeinschaft.

Zählen Sie für sich einige Arbeitssituationen auf, in denen Sie sich kooperativ verhalten:

- -

- -

- -

- -

- -

- -

- -

- -

- -

- -

- -

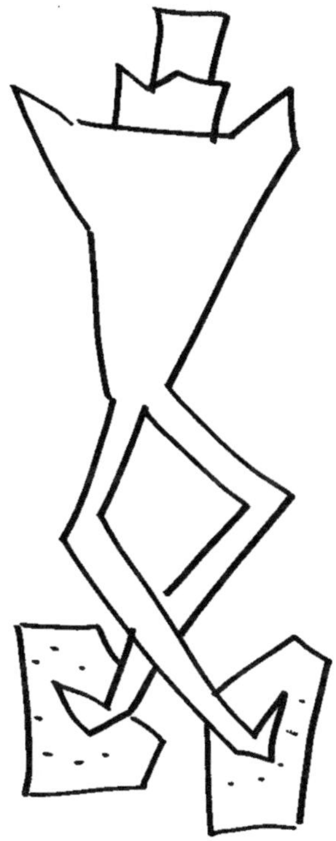

Der Welt Bedeutung geben: emotional – rational

tracking

figuring
picturing
chunking
associating

testing

LernNavigator
Orientierungs-muster

travelling

Steuerungsfragen
Metaphern
König
Flösserprinzip
Geographie
Ensemble
Bagua

Wenn Sie einmal auf eine Arbeitswoche mit der Frage zurückblikken, ob Sie hauptsächlich emotional oder hauptsächlich rational reagiert haben, dann werden Sie Ihre Reaktionsvorlieben oder Muster herausfinden. Noch besser ist es natürlich, wenn Sie zusätzlich Kollegen und Kolleginnen befragen, um deren ehrliche Meinung über Ihre Reaktionsweisen zu hören.

Wir idealisieren manchmal unsere Reaktionsweisen und denken, wir seien fast immer rational und denkend abwägend, während die Personen, die mit uns arbeiten ganz anderer Meinung sind.

emotional – rational

tracking

figuring
picturing
chunking
associating

testing

LernNavigator
Orientierungs-
muster

travelling

Steuerungsfragen
Metaphern
König
Flösserprinzip
Geographie
Ensemble
Bagua

Eine Person, bei der Emotion und Gefühl im Vordergrund steht, reagiert z.B. auf Arbeitsdruck emotional. Selbst normaler und milder Arbeitsdruck kann genug sein, um diese Person emotional reagieren zu lassen. In Arbeitsfeldern mit künstlerischen Aufgaben ist sie gut untergebracht. Weil sie auf Arbeitsdruck emotional reagiert, hat sie die Tendenz, länger als notwendig im Gefühl zu bleiben. Aufgaben, die eine gefühlsmässige Beziehung zu anderen zulassen, werden von ihr bevorzugt. Sie ist gewöhnlich fähig, sich in Stresssituationen zurechtzufinden und wird nach ihren eigenen Vorstellungen manchmal vielleicht auch unangemessen reagieren.

Hier habe ich emotional reagiert:

- -

- -

- -

- -

Hier möchte ich emotional agieren:

- -

- -

- -

- -

rational – emotional

tracking

figuring
picturing
chunking
associating

testing

LernNavigator
Orientierungs-
muster

travelling

Steuerungsfragen
Metaphern
König
Flösserprinzip
Geographie
Ensemble
Bagua

Eine Person mit diesem Denkfokus reagiert auf normalen Arbeitsdruck mit wenig Emotion, kann aber emotional reagieren. Sie ist gewöhnlich fähig, mit stressigen Situationen rational und überlegt umzugehen, ihre Reaktion basiert auf ihren eigenen Vorstellungen ob etwas angemessen ist. Aufgaben mit hohem Arbeitsdruck sind gut für diese Person. In stärkerer Ausprägung reagiert sie auf normalen Arbeitsdruck ohne Emotion. Sie braucht viel Stress, um emotional zu reagieren. Sie ist gut für Aufgaben geeignet, in denen emotionale Reaktionen nicht gebraucht werden oder kontraproduktiv wären.

Hier habe ich rational reagiert:

- -

- -

- -

- -

Hier möchte ich rational agieren:

- -

- -

- -

- -

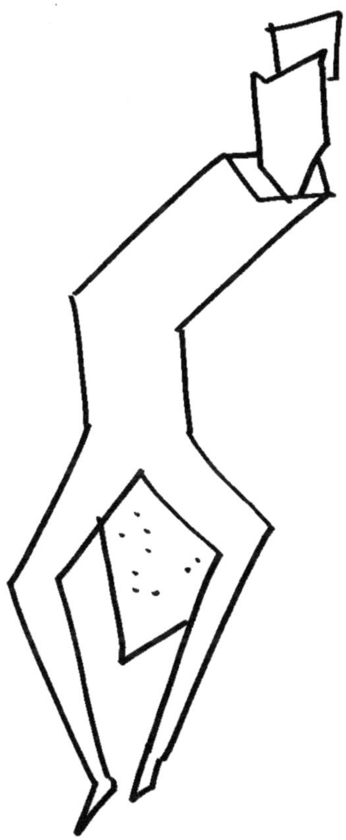

tracking

figuring
picturing
chunking
associating

testing

LernNavigator
Orientierungs-
muster

travelling

Steuerungsfragen
Metaphern
König
Flösserprinzip
Geographie
Ensemble
Bagua

Der Welt Bedeutung geben: Lösung – Problem

Woran denken Sie zuerst, wenn Sie einer neuen Aufgabe gegenüberstehen? An Lösungen oder an die vielen Probleme, die diese Aufgabe Ihnen bietet. Weder das eine noch das andere ist „die richtige Denkweise". Wir üben uns natürlich ständig im Lösungsdenken und doch gibt es Situationen, in denen wir häufiger in Problemkategorien denken – was oft auch richtig ist. Es lohnt sich, die einzelnen Situationen (Kontexte) zu kennen und zu erforschen.

Was wäre, wenn es kein *richtiges* Denkmuster gäbe?

Lösung – Problem

tracking

figuring
picturing
chunking
associating

testing

LernNavigator
Orientierungs-
muster

travelling

Steuerungsfragen
Metaphern
König
Flösserprinzip
Geographie
Ensemble
Bagua

Eine Person, die in bestimmten Situationen auf Lösungen achtet, denkt auch lösungsorientiert. Manchmal übersieht sie Schwierigkeiten, die auftreten können, weil ihre Aufmerksamkeit von der Lösungsorientierung gebunden ist. Personen mit lösungsorientiertem Fokus sind fähig, sofort neue Lösungen aus dem Zylinder zu zaubern, wenn eine vorgeschlagene Lösung verworfen oder abgelehnt wird. In starker Ausprägung werden Lösungen ohne entsprechende Analyse oder Absprache mit anderen produziert. So gibt es manchmal mehr Lösungen als Probleme. Das führt dann im Extremfall dazu, dass mit gleicher Kreativität Probleme erschaffen werden, die zu den gefundenen Lösungen passen. In Unternehmungen oder Organisationen kann das viel Geld kosten.

Denken Sie zum Beispiel an die Möglichkeit mit einem schönen Computerprogramm, Folien zu erstellen. Das ist eigentlich eine Lösung. Wird dieses Programm nun auf dem Rechner installiert, kommt es oft vor, dass aus jedem nichtssagendem Satz eine schöne Folie gestaltet wird, die niemanden mehr interessiert. Leute werden gelangweilt, Arbeitsstunden vergeudet und im Betrieb ist ein Problem entstanden.

Wen kennen Sie, der Lösungen anstrebt?

Problem – Lösung

Wenn in der Arbeit oder in der Arbeitsvorbereitung Probleme auftauchen, ist eine Person mit dem Problemansatz stark darauf fokussiert. Sie erkennt Probleme und kann sie angehen. Manchmal schafft sie auch Probleme, um sie angehen zu können.

tracking

figuring
picturing
chunking
associating

testing

LernNavigator
Orientierungs-muster

travelling

Steuerungsfragen
Metaphern
König
Flösserprinzip
Geographie
Ensemble
Bagua

Manche Führungskräfte verhalten sich in Bezug auf ihr Selbstbild problemorientiert. Sie sagen z.B.: „Wenn ich hier nicht der troubleshooter wäre, dann würde alles drunter und drüber gehen, überall muss ich Feuerwehr spielen." Es gab eine zeitlang in USA den Spruch: „Wenn Dich problematische Situationen zum Arbeiten motivieren, dann motivierst Du durch Dein Arbeiten problematische Situationen." Tatsächlich hatten viele der auf troubleshooting-orientierten Manager einfach Probleme erschaffen, um diese wieder mit Bravour lösen zu können.

„IF TOUGH GETS GOING
THAN GOING GETS TOUGH."

Wen kennen Sie, der Probleme fokussiert?

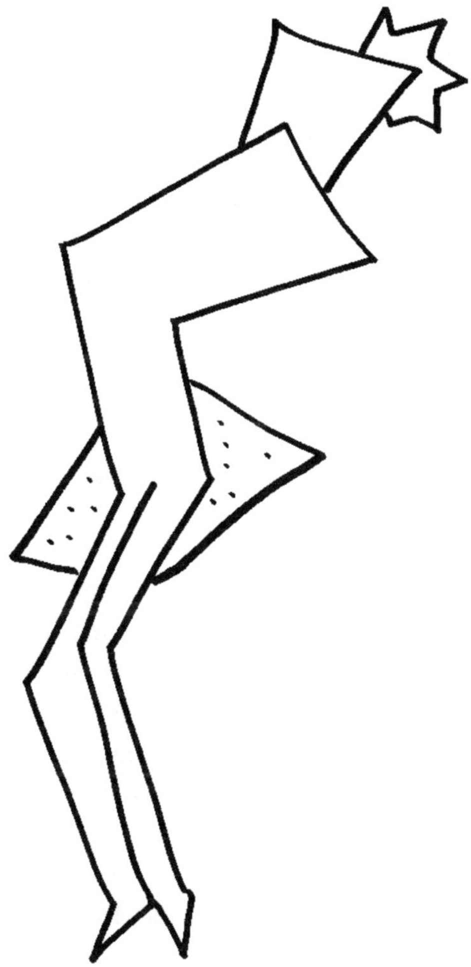

Der Welt Bedeutung geben: Entscheidungsprozess

tracking

figuring
picturing
chunking
associating

testing

LernNavigator
Orientierungs-muster

travelling

Steuerungsfragen
Metaphern
König
Flösserprinzip
Geographie
Ensemble
Bagua

Entscheidungen sind allgegenwärtig. Wir entscheiden mehrmals in jeder Minute, indem wir Daten ordnen, sortieren und strukturieren. Wenn Sie über Ihre Entscheidungsvorlieben Bescheid wissen, werden Sie in vielen Lebenssituationen ein leichteres Spiel haben. Wenn Sie eine bestimmte Anzahl von Beispielen benötigen, um von einer Sache überzeugt zu sein, dann werden Sie bei einem Autokauf mehrere Modelle, deren Leistungsmerkmale und Preise kennen und vergleichen wollen. Dann wird mehr Entscheidungszeit im Sinne von „noch einmal überschlafen" wenig nützen. Ist hingegen Ihr Fokus zeitlich orientiert, dann kann Ihnen der Autoverkäufer so viele Modelle zeigen wie er will, Sie werden sich Ihre Zeit nehmen wollen und diese auch brauchen, bevor Sie kaufen und sich dabei auch wohl fühlen.

Entscheidungsvarianten

Beispiele: Diese Person ist durch eine bestimmte Anzahl von Beispielen überzeugt. Weniger Beispiele sind unwirksam.

Schon wenig reicht: Sie ist schon überzeugt, wenn sie auch nur teilweise Sicherheit hat. Sie nimmt die Teilsicherheit und fügt in Gedanken den Rest dazu, dann entscheidet sie auf Grund einer Annahme.

Jedesmal neu: Sie ist kaum je überzeugt. Jedes Ereignis muss für sich selbst überprüft werden. Sie denkt, jeder Tag ist ein neuer Tag und die Evidenz von Gestern kann heute nicht auch noch beweiskräftig sein.

Kommt Zeit, kommt ...: Sie ist überzeugt, wenn Sie sich über einen Zeitraum von 3 Tagen oder einer Woche oder mehreren Stunden überzeugen kann. Weniger ist nicht genug, um vollständig zu überzeugen.

Orientierungsmuster in der Praxis

tracking

figuring
picturing
chunking
associating

testing

LernNavigator
Orientierungs-
muster

travelling

Steuerungsfragen
Metaphern
König
Flösserprinzip
Geographie
Ensemble
Bagua

Stellenanzeige

Es gibt im Coaching unzählige Gelegenheiten, wie Sie Orientierungsmuster anwenden können. Eine sehr gute Gelegenheit, mit Orientierungsmustern zu arbeiten, ist die Mitarbeiterrekrutierung. Häufig wird die Stelle, die fachlichen Anforderungen an die Person und das Unternehmen beschrieben. Orientierungsmuster des Bewerbers und des zukünftigen Vorgesetzten finden in solchen Ansätzen normalerweise keinen Eingang. Nehmen wir an, Sie hätten eine Stellenanzeige geschaltet, die sich so liesst:

Vorstandsassistent/in

Wir sind ein bundesweit tätiges, mittelständisches Unternehmen, das sich auf Geschäftsfelder in Industrie- und Spezialbau fokussiert hat. Aufgrund eines kontinuierlichen Wachstums können wir auf eine ausserordentlich positive Unternehmensentwicklung verweisen. Im Mittelpunkt aller Aktivitäten steht der grösstmögliche Kundennutzen, den wir durch eine hohe Identifikation unserer Mitarbeiter/innen und eine konsequente Prozessorganisation erreichen.
Zur direkten Unterstützung unseres Vorstands suchen wir eine/einen Vorstandsassistentin/-assistenten mit betriebswirtschaftlichem Hintergrund. Wir denken dabei an eine gestandene Persönlichkeit mit mehreren Jahren Berufserfahrung, die neben allgemeinen organisatorischen Aufgaben sich im betriebswirtschaftlichen Denken und Handeln zu Hause fühlt. Der Umgang mit modernen DV-Werkzeugen ist für Sie selbstverständlich, soziale Kompetenz, Zuverlässigkeit und Verantwortungsbewusstsein runden Ihr Profil ab.

Nach Befragung des Vorstandes mit dem LernNavigator® wurde dieses Inserat wie folgt umgeschrieben:

Vorstandsassistent/in

für *aktive* Mirtwirkung in bundesweit tätigem, mittelständischem Unternehmen, das sich auf Geschäftsfelder im Industrie- und Spezialbau fokussiert hat, gesucht.
Eine ausserordentlich positive Unternehmensentwicklung und kontinuierliches Wachstum sind Ergebnis unserer Prozessorganisation, die als Zentrum den Menschen und den grösstmöglichen Kundennutzen *sieht.*
Für die *Zusammenarbeit* mit unserem Vorstand möchten wir auf diesem Weg eine/einen *im Team leistungsorientierte(n)* Vorstandsassistentin/-assistenten finden, die/der ein hohes Veränderungstempo *mitgehen* und die Resultate *auf den Punkt bringen* kann.
Soziale Kompetenz und *strukturell-zielorientiertes Arbeiten* sind die Basis, um Ihre betriebswirtschaftliche und organisatorische Kompetenz auch mittels modernster DV-Werkzeuge zuverlässig und erfolgreich einzusetzen.

Starke Punkte des Vorstandes werden hervorgehoben und schwache Ausprägungen ergänzt. Die stark ausgeprägten Orientierungsmuster des Vorstandes haben wir hier kursiv gesetzt. Der weniger stark ausgeprägte Bereich der Abfolgen beim Vorstand sollte vom Bewerber ergänzt werden. Die Formulierung *Resultate auf den Punkt bringen* soll dies zum Ausdruck bringen. Die Bewerber, die in die engere

Wahl kamen, beantworteten den LernNavigator®. Es wurde eine Kandidatin ausgewählt, die im Bereich der Abfolgen bei 85% lag. Ferner gab das Ergebnis des LernNavigators® noch Hinweise auf den für diese Person geeigneten Führungsstil, der mit dem Vorstand und der Assistentin besprochen wurde.

Aktiv	→	*80%*
Sieht = sehen	→	*70%*
Zusammenarbeit	→	*Menschen 92,5%*
im Team leistungsorientiert	→	*70%*
mitgehen	→	*Gegenwart 77,5%*
strukturell-zielorientiertes Arbeiten	→	*77,5%*
Abfolgen	→	*25%*

Nach einigen Monaten in der Praxis wird vom Vorstand berichtet, dass das sehr strukturierte, besonders auf Abfolgen hin orientierte Verhalten seiner Assistentin eine hervorragende Ergänzung zu seinem Arbeitsstil sei.

Lesen Sie nochmals die beiden Versionen der Anzeige und erörtern Sie, welche Aussichten sich für eine Zusammenarbeit ergeben, wenn Vorstand und Assistent diese Muster teilen.

travelling

Alles was Sie kennengelernt und trainiert haben, dient dazu, mit sich selbst oder als Coach mit Ihren Klienten auf eine Veränderungsreise zu gehen. Es gibt natürlich Menschen, denen visuelle und rationale Verfahren nicht reichen. Kein Problem, dann erweitern wir einfach in den Raum, den Garten, die Landschaft durch Metaphern.

Mit sprachlichen Metaphern zu arbeiten ist ein Verfahren, das ganz natürlich in uns liegt. Beobachten Sie Kinder, erinnern Sie sich an Ihre eigene Kindheit. Da gibt es Puppenstuben, Sandkästen, Burgen, Modelleisenbahnen, den Garten, die Strasse, Baumhäuser – dies sind Spiel- und Lernformen, in denen die Phantasie und der Körper aktiv eingesetzt werden.

Besonders durch Ihre Sprache lenken Sie Emotionen, Geist und Körper in unterschiedliche Richtungen.

Die Dimension des Sprechens

Ihre Reiseerlebnisse werden deutlich davon beeinflusst, welche Richtung Sie nehmen und was Ihnen dadurch auf Ihren Touren begegnet. Erfahrene Reisende wissen dies und definieren, was Sie sich anschauen und erleben wollen. Sie reisen entweder von einem vorher festgelegten Punkt zum nächsten oder lassen sich auch mal frei treiben.

In welche Richtung Sie Ihren Klienten oder sich selbst im Coaching schicken, hängt viel von Ihrer Sprache und besonders von der Qualität Ihrer Fragen ab.

Mit unserer Sprache gestalten wir unser Denken. Damit gestalten wir natürlich auch das Denken unserer Partner, unserer Freunde und Kollegen. Sobald wir Sprache gebrauchen, wirken wir manipulativ. Wir denken und sprechen in bestimmte Richtungen. Im folgenden lesen Sie einige Beispiele für Denkrichtungen, die durch Fragen angeregt werden: Im Selbstcoaching und im Coaching ist es günstig, diese Fragen anzuwenden. Natürlich werden Sie noch weitere Fragen kreieren und benutzen und von nun an mit dem Bewusstsein abschätzen können, was Sie dadurch erreichen. Wir nennen Fragen, die bestimmte Denkrichtungen herausfordern **Steuerungsfragen**.

tracking
figuring
picturing
chunking
associating
testing
LernNavigator
Orientierungs-
muster
travelling
Steuerungsfragen
Metaphern
König
Flösserprinzip
Geographie
Ensemble
Bagua

Steuerungsfragen

Denkrichtung: Feedback
Echo-Fragen

- Wenn ich Sie richtig verstanden habe, dann ... ?
- So wie ich Sie gerade verstehe, werden Sie also ... ?
- Sie sagten gerade, ... ?

Denkrichtung: Hintergrund
Konkretisierungs- und Klärungs-Fragen

- Wer? Was? Wie? Wie genau? Wann? Wo? Mit wem? etc.

Denkrichtung: Ziel
Ziel-Fragen

- Wie sieht Ihr Ziel aus?
- Was wollen Sie erreichen?
- Was streben Sie an?
- An was erkennen Sie, dass Sie Ihr Ziel erreicht haben?

Denkrichtung: Problem
Problem-Fragen

- Was ist Ihr Problem?
- Um welche Schwierigkeiten geht es genau?
- Was ist besonders schwierig?
- Wie macht sich das Problem bemerkbar?

Erstellen Sie aus diesen Inhalten ein mindScan. Fragen, die Sie beherrschen, kommen auf einen kurzen Pfad.

tracking

figuring
picturing
chunking
associating

testing

LernNavigator
Orientierungs-
muster

travelling

Steuerungsfragen
Metaphern
König
Flösserprinzip
Geographie
Ensemble
Bagua

Denkrichtung: Ressourcen
Ressourcen-Fragen

- Welche Fähigkeiten können Sie einsetzen?
- Wer kann Ihnen dabei behilflich sein?
- Wie gehen sie erfolgreich in anderen Situationen vor?
- Wen kennen Sie, der das schon kann?

Denkrichtung: Fokus
Selbst-Andere-Fragen

- Was bedeutet das Problem für Sie persönlich?
- Wie gehen Sie damit um?
- Was bedeutet das Problem für das Umfeld?
- Welchen Einfluss hat es auf andere?

Denkrichtung: Bedeutung
Umdeutungs-Fragen

- Welchen Zweck könnte das Problem haben?
- Wer würde sich eventuell über Ihr Problem freuen?
- Wo liegt der Vorteil in dem Schaden?
- Was könnte ein Clown darüber sagen?

Denkrichtung: Gefühle
Emotions-Fragen

- Wie geht es Ihnen?
- Welche Gefühle kommen dabei hoch?
- Was macht der Ärger mit Ihnen?
- Wo spüren Sie, dass Sie sauer sind?

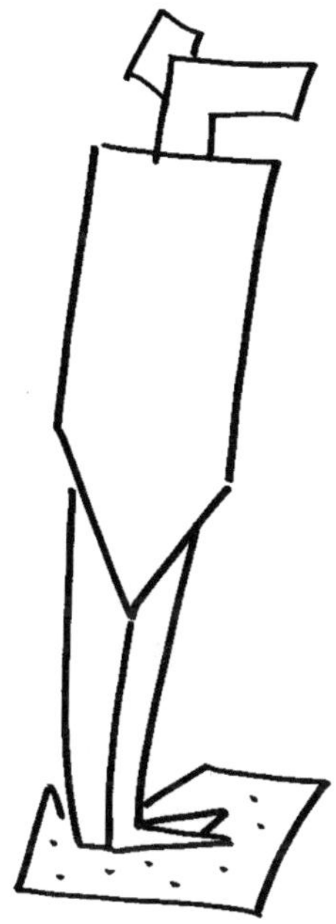

tracking

figuring
picturing
chunking
associating

testing

LernNavigator
Orientierungs-
muster

travelling

Steuerungsfragen
Metaphern
König
Flösserprinzip
Geographie
Ensemble
Bagua

Denkrichtung: Zeit
Zeit-Fragen

Vergangenheits-Fragen

- Woran erinnert Sie dieses Thema?
- Wann haben Sie etwas Ähnliches schon einmal erfolgreich gelöst?
- Wie sind Sie mit ähnlichen Problemen früher fertig geworden?

Gegenwarts-Fragen

- Wie geht es Ihnen im Moment?
- Was ist für Sie in diesem Augenblick wichtig?
- Was hat das mit dem gerade Gesagten zu tun?

Zukunfts-Fragen

- Wann genau und mit wem wenden Sie die Lösung an?
- An was werden Sie erkennen, dass Sie das Ziel erreicht haben?
- Wann werden Sie wissen, dass Sie erfolgreich sind?

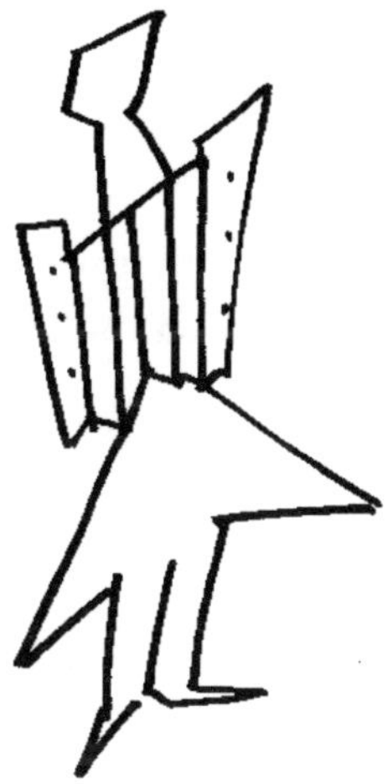

tracking

figuring
picturing
chunking
associating

testing

LernNavigator
Orientierungs-
muster

travelling

Steuerungsfragen
Metaphern
König
Flösserprinzip
Geographie
Ensemble
Bagua

Denkrichtung: Balance
Ökologie-Fragen

- Welchen Preis bezahlen Sie für diesen Zustand?
- Wen betrifft die Lösung noch?
- Welche Ziele werden dabei noch zusätzlich unterstützt?
- Was ändert sich und wie beeinflusst das andere Lebensbereiche?

Denkrichtung: Selbstorganisation
Verhaltens-Fragen

- Was machen Sie in dieser Situation?
- Wie genau bringen Sie sich in diesen Zustand?
- Was bewegen sie dann?
- Wie verhalten Sie sich konkret?

Denkrichtung: Können
Fähigkeits-Fragen

- Welche Kenntnisse setzen Sie ein?
- Welche Fähigkeiten benötigen Sie?
- Was können Sie ?
- Was sollten Sie noch können?

Denkrichtung: Sinn
Überzeugungs-Fragen

- Welche Überzeugung hilft Ihnen bei der Unterstützung?
- An was sollten Sie glauben, um die Kraft zu bekommen?
- Welche Einstellung haben Sie zu diesem Thema?
- Welche Philosophie steckt für Sie dahinter?

Erstellen Sie aus diesen Inhalten ein mindScan. Fragen, die Sie noch nicht so beherrschen, kommen auf lange, dünne Pfade.

tracking

figuring
picturing
chunking
associating

testing

LernNavigator
Orientierungs-
muster

travelling

Steuerungsfragen
Metaphern
König
Flösserprinzip
Geographie
Ensemble
Bagua

Denkrichtung: Ethik
Werte-Fragen

- Welche Werte sind Ihnen wichtig?
- Warum sollte es in diese Richtung gehen?
- Welche Moral erkennen Sie darin?
- Welche Werte waren dadurch angesprochen?

Denkrichtung: Persönlichkeit
Identitäts-Fragen

- Wer sind Sie in dieser Situation?
- Als was fühlen Sie sich dann?
- Welche Persönlichkeit ist dabei gefragt?
- Wer möchten Sie dann sein?

Denkrichtung: Träume
Visions-Fragen

- Was ist Ihr übergeordnetes Ziel?
- Welche Szene sehen Sie in ferner Zukunft?
- Welche Vision haben sie zu diesem Punkt?
- Von was träumen Sie?

Denkrichtung: Erfüllung
Missions-Fragen

- Was ist die „heilige" Aufgabe dabei?
- Welchen bleibenden Eindruck möchte Ihr Unternehmen hinterlassen?
- Welchen höheren Sinn hat diese Tätigkeit?
- Wie lautet Ihre zentrale Wertschöpfungsidee?

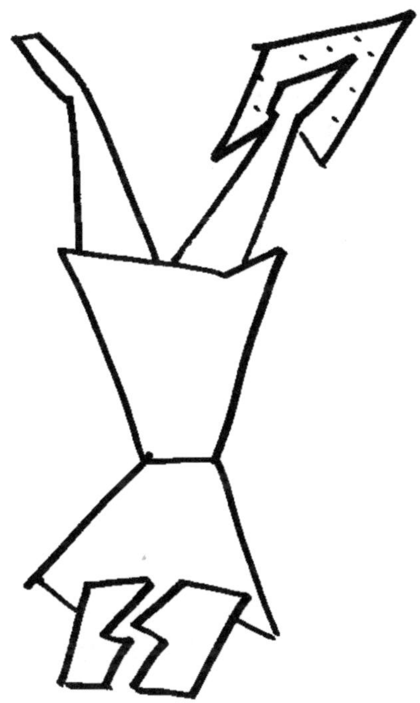

tracking

figuring
picturing
chunking
associating

testing

LernNavigator
Orientierungs-
muster

travelling

Steuerungsfragen
Metaphern
König
Flösserprinzip
Geographie
Ensemble
Bagua

Denkrichtung: Status quo
Stabilitäts-Fragen

- Was soll so bleiben?
- Womit fühlen Sie sich wohl?
- Wer oder was stützt das Thema?
- An was können Sie sich festhalten?

Denkrichtung: Kreativität
Veränderungs-Fragen

- Was soll sich ändern?
- Was möchten Sie ergänzen?
- Wer oder was könnte Schwung in das Thema bringen?
- Was soll entstehen?

Denkrichtung: 360 Grad
JOJO-Fragen

Wenn Sie merken, dass ein Klient ein Orientierungsmuster aus dem LernNavigator® überbetont, dann haben Sie die Möglichkeit, einen JOJO-Effekt herzustellen. Dazu nutzen Sie diejenigen Steuerungsfragen, die auf das Gegenteil abzielen.

Wenn Ihr Klient ständig in grossen Entwürfen berichtet, fragen Sie nach Details. Betont er nur Möglichkeiten, so lenken Sie auf Abfolgen hin. Mit diesem Vorgehen erhält er die Chance, seinen Finderaum auszuschöpfen und die Kreativität zu erhöhen.

tracking

figuring
picturing
chunking
associating

testing

LernNavigator
Orientierungs-
muster

travelling

Steuerungsfragen
Metaphern
König
Flösserprinzip
Geographie
Ensemble
Bagua

Die Metapher

Orientierungsmuster liegen nicht nur hinter der direkten Rede, sondern sind auch die Bausteine von Metaphern und Gleichnissen. Wollen wir jemand auf seine *weg von* Orientierung in einer Situation aufmerksam machen, so sagen wir vielleicht: „Du bist nicht zu fassen, glitschig wie ein Aal." Metaphern entstehen aus der uneigentlichen Rede. In der Kommunikation nutzen wir Beispiele und Ähnlichkeiten um Sachverhalte zu verdeutlichen. *„Ein Mann wie ein Fels"*, *„Sie bewegt sich wie eine Gazelle"*, *„Sie schuften wie die Packesel"*. In letzter Zeit wurde (vor allem von Erickson, Lankton etc.) die Kraft der Metaphern immer wieder beschrieben. Menschen denken und steuern mit Hilfe der Sprache und nutzen die Sprache weniger zu eindeutigen Aussagen, sondern viel mehr in Resonanz mit Geschichten, Fabeln, Beispielen, Situationen und Bedeutungsfeldern. Haben Sie sich schon einmal deutlich gemacht, wie ungenau unsere Alltagssprache ist und wie viel Aufwand damit verbunden ist, sich deutlich auszudrücken – und dann ist das immer noch keine Gewähr, dass der andere uns verstanden hat. Metaphern tragen einen inhaltlichen und emotionalen Mehrwert in sich, der sich in einer bestimmten Kultur, ja sogar interkulturell relativ schnell erschliessen lässt. Wir können zum Beispiel für die folgenden Gebiete Metaphern finden.

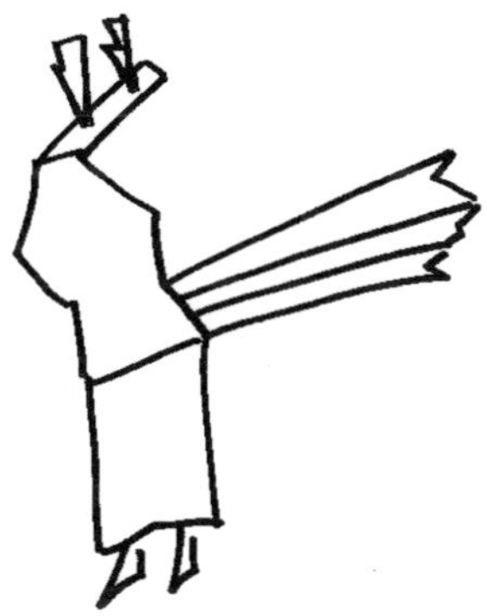

tracking
figuring
picturing
chunking
associating

testing
LernNavigator
Orientierungsmuster

travelling
Steuerungsfragen
Metaphern
König
Flösserprinzip
Geographie
Ensemble
Bagua

Metaphern für:

Sicherheit
Wachhund, Beton, Stahl, Fels in der Brandung.

Motivation
Schwalben, die ein Nest bauen. Gras, das durch den Asphalt wächst; Tiere, die den Weg zurück nach Hause finden.

Entschlossenheit
Bergsteiger oder Forscher auf Polarexpedition.
Lachse, die über Stromschnellen zum Laichgebiet zurückkehren.

Geborgenheit
Ein Nest; ein Strandkorb.
Ein Känguruh hat ein Junges im Beutel.

Mut
Ein kleiner Mungo, der mit einer grossen Schlange kämpft.
Eine Amsel, die mit viel Geschrei eine Katze von ihren Jungen ablenkt.

Arbeitsplatz
Tretmühle; Bergwerk ... Sich vor den Karren spannen lassen.
Sich rüsten, an der Kundenfront mit harten Bandagen kämpfen.

Arbeitskollegen
Gockel, die um Aufmerksamkeit buhlen, faule Hunde; Amtsschimmel.

Lernen
Ein weites Feld. Eine Lernlandschaft,
Lernen ist wie Rudern gegen den Strom.

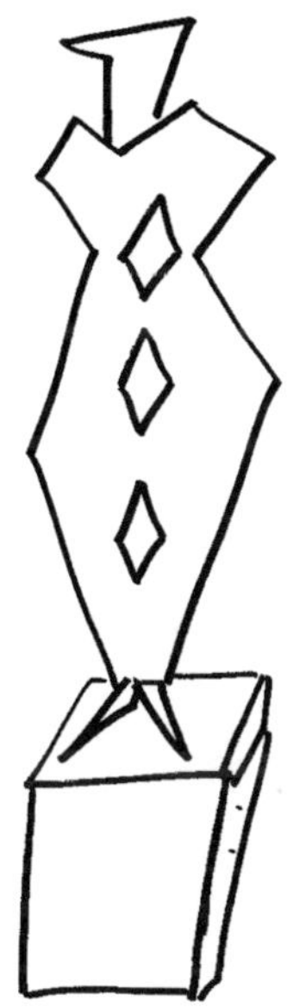

Der König – eine Metapher

tracking
figuring
picturing
chunking
associating
testing
LernNavigator
Orientierungs-
muster
travelling
Steuerungsfragen
Metaphern
König
Flösserprinzip
Geographie
Ensemble
Bagua

Metaphern haben ihren inhaltlichen Ursprung wie gezeigt in Orten, Sachen und oft auch in anderen Zeitzonen. Heute wird sprachlich noch gerne auf das Mittelalter zurückgegriffen. „Wir müssen uns besser rüsten, brechen für einen Kollegen eine Lanze, führen etwas im Schilde, satteln die Pferde, wenn wir zu neuen Märkten aufbrechen..." Am Arbeitsplatz gibt es ebenso Intrigen wie an Königshöfen, der Kronprinz wird allgemein als unfähig angesehen und der Hofnarr als letzter gekündigt. Nutzen Sie die Möglichkeit, mit Metaphern zeitübergreifend zu arbeiten. Hier ein Beispiel und der Wunsch, dass Sie sich selbst viele eigene Beispiele schaffen – vielleicht auch zukünftige.

Der König eines reichen Landes bemerkte eines Tages, dass die Menschen nicht mehr mit der Freude und dem Elan ihrer täglichen Zusammenarbeit nachgingen wie zu Zeiten der Gründung des Königreiches.
Als der König seine Räte befragte, empfahlen diese unterschiedliche Massnahmen. Der eine wollte härtere Strafen, ein anderer höhere Belohnungen, ein dritter die Gründung kleinerer Arbeitsgruppen, die besser zu kontrollieren wären.
Der König erwog die Ratschläge und bemerkte, dass das Prinzip der Kontrolle die Gedanken seiner Räte prägte. Kontrolle, das wusste der König, hatte die Eigenschaft, sich selbst wachsen zu lassen, und damit immer mehr Kontrolle hervorzubringen. Er wollte sich seine Zukunft nicht als König eines Kontrollstaates vorstellen. Vielmehr wollte er Mittel finden, die Fähigkeiten seines Volkes zu verbessern und damit die Ressourcen des Landes zu mehren.
Er wollte einen Königsweg entdecken. Einen Weg, auf dem sowohl er als auch alle seine Untertanen gehen und kommen

nininini

tracking
figuring
picturing
chunking
associating

testing
LernNavigator
Orientierungs-
muster

travelling
Steuerungsfragen
Metaphern
König
Flösserprinzip
Geographie
Ensemble
Bagua

konnten. Sie konnten sich dabei entwickeln, befähigen und gegenseitig fördern. Seine Räte kritisierten dieses Vorhaben und nannten den König unter vorgehaltener Hand *„Weichei"*, *„Warmduscher"* und *„Zärtler"*.
Als der König davon erfuhr, war sein erster Gedanke, die zu strafen, die ihn mit diesen Titeln bedacht hatten; sein zweiter Gedanke, die zu belohnen, die ihm treu ergeben waren; und sein dritter Gedanke, kleinere Arbeitsgruppen zu gründen. Hier merkte der König, dass er in dem selben Denken gefangen war wie seine Räte.
Etwas enttäuscht, so ganz ohne Königsweg zu sein, ging er hinaus in den wundervollen Schlosspark. Dort traf er seine Gemahlin, die Königin, und freute sich darauf, einige Schritte mit ihr durch den Park zu gehen.
Die Königin hatte wohl bemerkt, dass dem Gemahl etwas auf der Seele lag und fragte geschickt: „Königlicher Gemahl, wie wollt Ihr Euch nach unserem gemeinsamen Spaziergang fühlen? Wie wollt Ihr dann Euer Leben betrachten?"

Der König antwortete etwas erstaunt: „Ich wollte, ich könnte auf einem Königsweg durch mein Leben schreiten, wie hier im Park."
„Mit wem, werter Gemahl, würdet Ihr diesen Königsweg vor allem nutzen?"
„Mit meinen Ministern" , antwortete der König, „die denken nur an Kontrolle."
„Oh, kennt Ihr denn Situationen im Königreich, wo Kontrolle sinnvoll erscheint?"
„Sehr wohl: die Ärzte sollen den Genesungsprozess, die Köche die Frische der Ware, die Wagner die Haltbarkeit der Räder kontrollieren. Die Minister aber sollten tun, was förderlich ist, für Land und Leute".

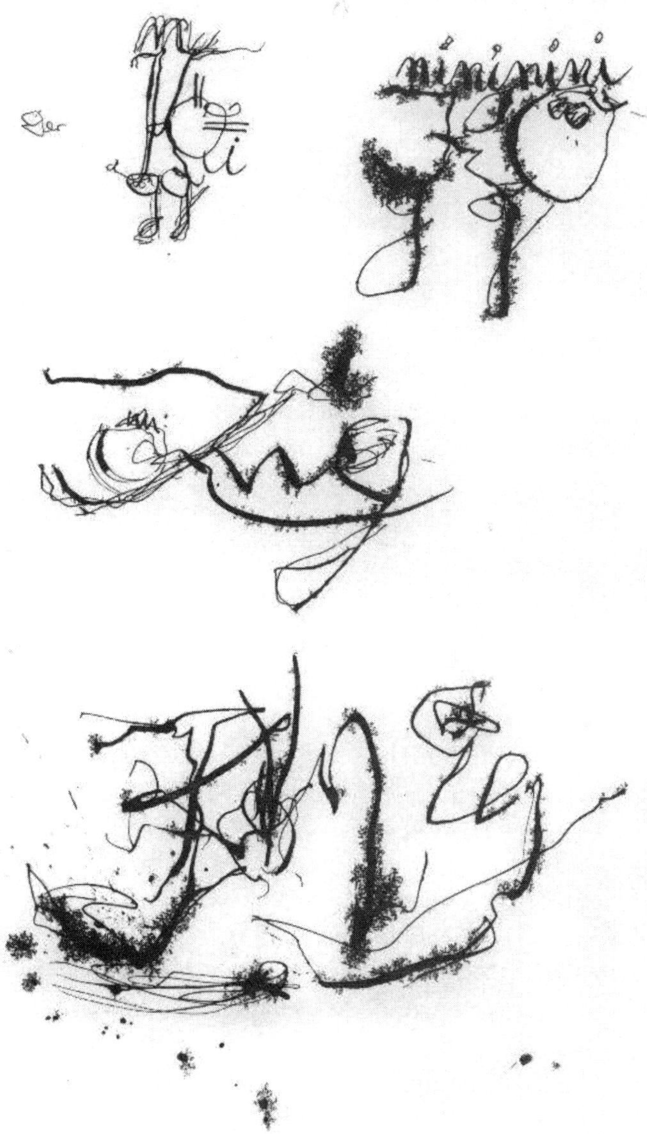

„Woran genau denkt Ihr, werter Gemahl, wenn Ihr *förderlich* sagt?"
„Ich denke an Gesundheit, Wachstum und Kraft, an Zukunftsfreude in meinem Volk."
„Wenn Ihr Euch nun betrachtet, wie Ihr mit mir diesen Weg entlang geht, woran erkennt Ihr, dass zum Beispiel ich, Eure Gemahlin, Kraft und Zukunftsfreude habe?"
„Das ist leicht, Ihr schreitet leichtfüssig, Ihr lächelt und Eure Augen strahlen in der Sonne."
„Würdet ihr also viele Eurer Untertanen wie mich gehen sehen, so wäret Ihr sicher, Eure Minister tun, was förderlich ist für Land und Leute."
„Ja, ich könnte sehen, hören, fühlen, mit allen Sinnen wahrnehmen, dass ich das Beste aller Königreiche regiere. Werte Gemahlin, Eure Fragen geben mir die Idee, auf diese Art auch meinen Rat zu befragen. Denn es mag sein, dass die Art der Frage die Qualität der Antwort fördert. Besten Dank, ich fühle mich glücklich und weiss, wie ich mit meinem Rat sprechen werde."

tracking
figuring
picturing
chunking
associating
testing
LernNavigator
Orientierungs-
muster
travelling
Steuerungsfragen
Metaphern
König
Flösserprinzip
Geographie
Ensemble
Bagua

Haben Sie sich in der Geschichte irgendwo selbst entdeckt, war Ihnen etwas nahe oder fern, bekannt oder unbekannt?

Einige Ihrer Orientierungsmuster können Sie auch beim Ausmalen der Figuren bzw. beim tracking erkennen.

Wollen Sie grossflächig oder detailgenau malen? Möchten Sie die angebotenen Strukturen verwenden oder diese als Ausgangspunkt für eigene Kreationen benutzen?

Wahrscheinlich würden Sie beim parallelen Malen einen bestimmten Stil benutzen. Entdecken Sie auch hierdruch Parallelen zu Ihrem sonstigen Handeln? Möchten Sie in Zukunft ergänzend ein

Der Obertan.
Der Oberton
und seine Untertanen.
und seine Untertöne.

neues Verfahren benutzen? Wo in Ihrem Leben sind Sie noch detailorientiert oder grosszügig? Wo bleiben sie in vorgegebenen Rahmen, wo verlassen Sie diese? Wie werden nach all den Entdeckungen wohl die nächsten Seiten aussehen?

tracking

figuring
picturing
chunking
associating

testing

LernNavigator
Orientierungsmuster

travelling

Steuerungsfragen
Metaphern
König
Flößerprinzip
Geographie
Ensemble
Bagua

Viel Spass und Erfolg, wenn Sie immer deutlicher wahrnehmen, dass sich diese und ähnliche Figuren und Geschichten in vielen Situationen Ihres Lebens wiederfinden; sagen Sie ‚Hallo' und experimentieren Sie immer kreativer weiter.

Übrigens, in der Königsmetapher sind noch eine Menge an Orientierungsmustern enthalten, die Sie ja im LernNavigator® schon deutlich kennengelernt haben. Wenn Sie auf diesem Gebiet Ihre Kompetenz erweitern möchten, dann haben sie hier eine gute Möglichkeit dazu. Welche Orientierungsmuster finden Sie im Text?

Wenn wir einen Klienten im Coaching begleiten, so geht es im Grunde darum, innere Prozesse zu ergründen und sichtbar zu machen. Damit dies dem Klienten und uns leichter fällt, empfehlen wir, neben den im Buch vorgestellten Methoden, mit weiteren Metaphern zu arbeiten. Eine Metapher ist, wie Sie wissen, eine bekannte Vorstellung, die benutzt wird, um ein unbekanntes Thema schnell in den Griff zu bekommen.

Eine gute Metapher ist in der Lage, eine unbekannte Sache mit bekannten Begriffen zu beschreiben. Dieses Verfahren schafft einen schnellen Zugang zu dem neuen Thema und macht uns dieses verständlich. Das Neue wird um so begreifbarer, je besser die wesentlichen Aspekte des bekannten Themas auch die wesentlichen Aspekte des neuen Themas beleuchten. So wurde sehr lange ein Unternehmen mit einem Räderwerk verglichen und manchmal auch mit einem Saustall, um die Prozesse besser verstehen zu können. Heute haben diese Metaphern ausgedient, aktuell werden grosse Unter-

Mein tracking: Welche Orientierungsmuster finden Sie in der Königs-Metapher?

nehmen mit einem Ozeandampfer verglichen, der lange braucht, bis er eine Richtungskorrektur durchführen kann. Achten Sie auf die Metaphern, die in Bezug auf Ihr Unternehmen Verwendung finden.

tracking

figuring
picturing
chunking
associating

testing

LernNavigator
Orientierungs-
muster

travelling

Steuerungsfragen
Metaphern
König
Flösserprinzip
Geographie
Ensemble
Bagua

Metapher in meinem Unternehmen:

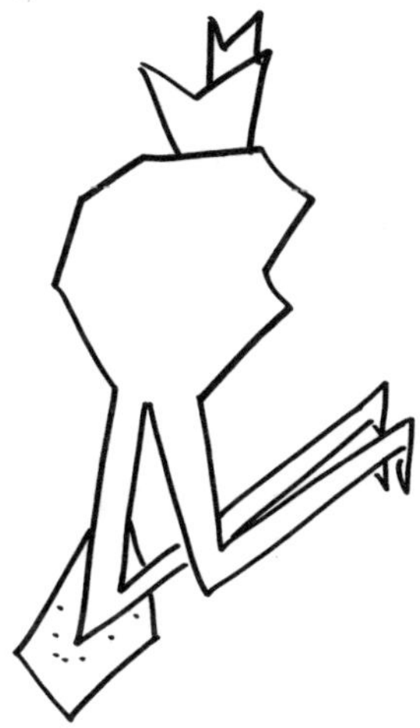

Das Navigatormodell – eine Metapher

In Coaching Situationen hören wir häufig, dass Klienten in sich selbst ihr Thema als Knoten, Durcheinander, Block, Einzelteile, als Bewegung, als Stillstand oder einfach nur diffus beschreiben.

Diese inneren Zustände durch verschiedene Verfahren nach aussen zu bringen, ist das zentrale Anliegen dieses Buches

Wie schon im Buch „Coaching – das Flösserprinzip" dargestellt, bildet das Navigatormodell für den Coach eine Orientierungshilfe um den Coachingprozess zu organisieren und im Blick zu behalten.

Zwischen den Punkten START und ZIEL, also Beginn und Ende einer Coachingaktion können wir uns eine Verbindungslinie mit Funkfeuern vorstellen. Diese Funkfeuer sind Erinnerungspunkte dafür, dass wir uns im Coachingprozess auf der gewünschten Linie befinden. Sie ermöglichen uns auch Abweichungen, denn mit starkem Signal geben sie uns die Möglickeit, immer wieder zu ihnen zurückzukehren.

Wenn wir mit einem Klienten die Schritte in Richtung Ziel so gut definiert haben, dass jeder Schritt einen positiven Impuls auslöst, ein Gefühl der Freude, des Selbstvertrauens oder der Selbstachtung zum Beispiel, dann haben wir starke Erinnerungspunkte oder Funkfeuer geschaffen. Kleine Umwege in der Zielerreichung werden so willkommene Abwechslungen, kreative Entwürfe oder einfach faszinierende Ausflüge in die Welt weiterer Möglichkeiten. Oft gibt so ein Ausflug neue Impulse für weitere Gestaltungsmöglichkeiten, auf jeden Fall fördert er die Lebensfreude.

In unseren Seminaren haben wir immer wieder bemerkt, dass zu straff definierte Ziele und enge Erreichungskorridore nur schwer und

tracking
figuring
picturing
chunking
associating

testing
LernNavigator
Orientierungs-
muster

travelling
Steuerungsfragen
Metaphern
König
Flösserprinzip
Geographie
Ensemble
Bagua

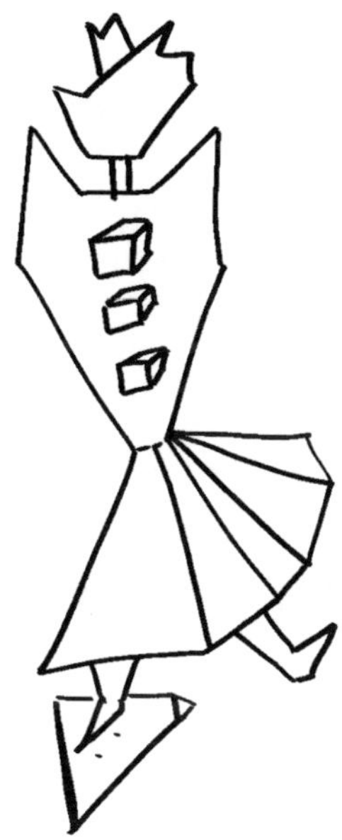

tracking

figuring
picturing
chunking
associating

testing

LernNavigator
Orientierungs-
muster

travelling

Steuerungsfragen
Metaphern
König
Flösserprinzip
Geographie
Ensemble
Bagua

unter Verleugnung der eigenen Kreativität erreicht werden. Lassen Sie sich wo es geht Möglichkeiten und Gestaltungsspielräume für den Weg zum Ziel. Wir nennen einen solchen Gestaltungsspielraum *Korridor*. Sammeln Sie im Korridor mit Ihren Klienten kreative Ideen, Schwung und Kraft, immer wieder auf die Zielgerade zurückzukehren. Unser Nervensystem braucht Abwechslung und neue Perspektiven, geben sie ihm die Möglichkeit, sich wohlzufühlen und Sie werden Unterstützung auf allen Ebenen erfahren.

Mit Hilfe des LernNavigators® können Sie die Eckpunkte des Korridors bestimmen. Sie und Ihr Coachingklient wissen dann ganz genau, wann es Zeit ist von einem kleinen Korridor- Ausflug zurückzukehren.

Gemäss dem Grundsatz:

FRAGEN STEUERN DENKRICHTUNGEN

hat der Coach über die Orientierungsfragen eine sehr gute Möglichkeit, die Denkrichtung der Klienten wieder auf das Ziel zu lenken.

Zeichnen Sie einige Richtungen auf, in die Sie mit Fragen lenken können:

tracking

figuring
picturing
chunking
associating

testing

LernNavigator
Orientierungs-
muster

travelling

Steuerungsfragen
Metaphern
König
Flösserprinzip
Geographie
Ensemble
Bagua

Stellen Sie sich einen Flugkorridor räumlich vor und denken Sie sich als Pilot eines Flugzeuges, der von München nach Paris fliegen möchte. Es gibt natürlich eine direkte Luftverbindung von München nach Paris. Sie werden allerdings auf Grund der Wetterbedingungen und der landschaftlichen Gegebenheiten einen Flugkorridor wählen, der etwas von der direken Linie abweicht.

Ähnlich verhält es sich im Coaching. Es gibt sicherlich einfache Schritte vom Start zum Ziel. Sie werden sich allerdings in der Zusammenarbeit mit ihren Klienten oft in einem „Coaching-Korridor" finden, der von der direkten Linie abweicht. Die Gründe dafür sind vielfältig. Zum einen kann es ökologisch sein, einen Umweg zu machen, zum anderen wollen vielleicht andere Personen mit in den Kontext eingebunden werden und es bedarf der Aufklärungs- und Überzeugungsarbeit, diese Personen für das Projekt zu gewinnen.

Ein dreidimensionaler Korridor mit der Möglichkeit nach links, rechts, oben und unten abzuweichen, ermöglicht Ihnen als Coach einen größeren Handlungsspielraum. Es ist jedoch wichtig, mit dem Klienten zusammen die Dimension des Korridors auszuloten. Sollte Ihr Klient während der Arbeit zu tief ins Gefühl fallen, so ist eine Unterbrechung wichtig. Anschliessend eine Rückkehr zur eigentlichen Fluglinie. Sollte Ihr Klient euphorisch zu hoch hinaus wollen oder sich links und rechts mit ablenkenden Beispielen beschäftigen, so ist es auch da nützlich, einen Umkehrpunkt zu wählen.

Fragen sind eine gute Möglichkeit, von Aussenpunkten des Korridors wieder auf die schnellste Start-Ziel-Verbindung zu kommen. Wenn Sie schon beim Stellen der Fragen wissen, in welche Richtung eine Frage das Denken Ihres Klienten bringt, dann haben Sie sich ein sehr genaues Coaching Instrumentarium geschaffen.

tracking

figuring
picturing
chunking
associating

testing

LernNavigator
Orientierungs-
muster

travelling

Steuerungsfragen
Metaphern
König
Flösserprinzip
Geographie
Ensemble
Bagua

Die meisten Menschen fragen, weil ihnen etwas nicht klar ist und merken nicht einmal, wenn der Partner auf etwas ganz anderes antwortet. Sie fragen zum Beispiel: „Was ist Ihr erfolgreichstes Projekt?“ und erhalten zur Antwort: „Oh ja, das habe ich vor ca. 5 Jahren gemacht, damals ging es mir blendend, kurz nach meiner Scheidung in Frankfurt hatte ich den grossen Auftrag aus China geholt.“ Die Antwort bezieht sich nur zu einem kleinen Teil und dazu sehr vage auf die Frage. Der Sprecher beantwortet mit grösster Genauigkeit Fragen, die gar nicht gestellt wurden.

Durch das Pilotmodell wurde ein grosser Korridor geschaffen und es liegt jetzt am Coach, diesen Korridor zu nutzen und wieder auf die Start – Ziel Verbindung zurückzufinden.

Der LERNNAVIGATOR® hilft wi1e folgt, Sie erkennen damit die Orientierungen in dieser Antwort:

Vergangenheit: „... habe ich vor ca. 5 Jahren gemacht ...“
Internal: „... ging es mir blendend ...“
Orte: „... Scheidung in Frankfurt... Auftrag in China ...“

Nun können Sie mit der JOJO Technik andere Orientierungen herausarbeiten. Statt der präsentierten Vergangenheit die Frage nach der **Gegenwart**, einem heutigen Projekt, statt der internalen Orientierung die Frage, was denn in den Augen der Kollegen (**external**) jetzt als ihr erfolgreichstes Projekt gilt, als Erweiterung für Orte können Sie nach den beteiligten Mitarbeitern (**Menschen**) fragen. Wie in einem JOJO Spiel gelingt es Ihnen damit unbeachtete Dimensionen hochzuholen und in den Fokus der Aufmerksamkeit zu bringen.

ERFOLG KANN EINE FALLE SEIN,
NACHFRAGEN LOHNT SICH!

Geographie – ein Metapher

Eine der reichhaltigsten Themengebiete für Assoziationen ist die Geographie. Die Auswahl zum Assoziieren ist gross, und gerade deshalb ist die Metapher der Geographie für viele Coachingthemen und für die unterschiedlichsten Personen als Quelle geeignet.

tracking

figuring
picturing
chunking
associating

testing

LernNavigator
Orientierungs-muster

travelling

Steuerungsfragen
Metaphern
König
Flösserprinzip
Geographie
Ensemble
Bagua

Wie Sie aus dem Geographieunterricht oder noch viel angenehmer aus Reisen oder Reisebeschreibungen wissen, sind Strukturelemente der Geographie u.a.: Gesellschaftsform, Lage des Landes, Nachbarstaaten, Städte, Hauptstadt, Bundesländer, Zeitzonen, Klimazonen, Vegetation, Währung, Staatsform, Religionen, Bevölkerungsgruppen, Geschichte, Tradition, Industrie, Landwirtschaft, sonstige Ressourcen, Sehenswürdigkeiten, Tourismus, Bevölkerungszahl, Bevölkerungswachstum, Infrastruktur, Bildungswesen, Verwaltung, Transport und Verkehr, Feste, Folklore, Symbole, Sitten und Gebräuche, Handelsbeziehungen, Zukunftsprojekte, Ökologie, Geologie, Tierwelt, Speisen und Getränke, Vorfahren, Einwanderer, etc.

Die Idee ist, sich von diesen Stichworten der Geographie im Coaching inspirieren zu lassen, um damit Pfade von *innen nach aussen* und wieder *nach innen* zu finden.

Beispiele, wie Sie Geographie-Stichworte für Coaching-Fragen und Coaching-Themen nutzen können:

tracking

figuring
picturing
chunking
associating

testing

LernNavigator
Orientierungs-
muster

travelling

Steuerungsfragen
Metaphern
König
Flösserprinzip
Geographie
Ensemble
Bagua

Folklore = Welche virtuelle1 Verpackung des Themas gibt es?

Transportwesen = Wie wird die Empfindung transportiert?

Verwaltung = Wer verwaltet das Problem?

Feste = Wann wäre es in diesem Thema Zeit, ein Fest zu feiern?

Hauptstadt = Wo liegt das Zentrum des Problems oder der Lösung?

Religion = Welche Überzeugungen stabilisieren das Thema?

Geschichte = Wie entwickelte sich die Thematik zeitlich?

Symbole = Welche Symbole helfen beim Verändern?

Sie bemerken sicher schon nach diesen Beispielen, dass sich durch den Gebrauch der „Stichworte" eine wahre Schatzkiste für das Coaching auftut.

Dr. Karin S. hat im Aussendienst mehr Verantwortung übernommen. Der zu erbringende Umsatz ist deutlich mehr geworden, die Zahl der zu führenden Mitarbeiter hat sich verdoppelt und das zu bearbeitende Gebiet umfasst drei Bundesländer. Um für diese neue Aufgabe gut gerüstet zu sein, wurden ihr von ihrem Vorgesetzten einige Coachingtermine genehmigt - ja, solche Chefs gibt es!
Beim zweiten Termin benutzten wir das *geographing* als Metapher. Sie berichtete von viel Arbeit und Belastung, weil sie am Anfang ja nun alles kennenlernen müsse und sagte: „Das muss ich mir alles selbst anschauen." Wir fragten in einer Metapher, welche Position sie denn in ihrem Staatsgebiet habe. „Ich bin das neu gewählte Staatsoberhaupt, das sich nun überall vorstellen muss und von dem bald konkrete Handlungen erwartet werden." Klar, das ist eine gute Absicht, und ihr als Staatsoberhaupt stehe für diese Aufgabe sicher ein Fahrer und ein Hubschrauber Tag und Nacht zur Verfügung. Sich lachte und mein-

tracking

figuring
picturing
chunking
associating

testing

LernNavigator
Orientierungs-
muster

travelling

Steuerungsfragen
Metaphern
König
Flösserprinzip
Geographie
Ensemble
Bagua

te, dass sie wohl eines der wenigen selbstfahrenden Staatsoberhäupter sei. An der Stelle formulierte sie, dass sie sich da wohl überfordere. Das könnte eine gute Einsicht sein. Trotzdem, sie hat Verpflichtungen. Wie macht das wohl ein Staatsoberhaupt, selbst in einem kleinen Land? Und was für ein Staatsoberhaupt ist sie denn? Sie wollte ihren Mitarbeitern dienen und helfen erfolgreich zu sein. Es sollte so eine Mischung aus mütterlicher Königin und demokratisch legitimiertem Kanzler sein. Beide nehmen nicht alle Verpflichtungen selbst war, so ihre Überlegung. Nur die wichtigsten, die mit den einflussreichsten Ministern, Personen und Dienststellen, einige Repräsentationstermine und einige soziale Verpflichtungen – wenigstens zu Beginn der Amtszeit. Also, Prioritäten waren hier zu bedenken. Sie legte fest, speziell ihre Besuche nach Prioritäten durchzuführen und erinnerte sich daran, dass es heute in jedem Staat ein Telefonnetz gibt, das in unseren Breitengraden ganz gut funktioniert. Das setzte sie auch um, und es funktionierte. Sie berichtete in den folgenden Coachingsitzungen über ihre Erfolge.

Das Thema Geographie ist eine sehr reichhaltige Metapher mit vielen Elementen, die überwiegend positiv assoziierend wirken, jedoch auch schwierige Erschliessungen, wie z.B. Krieg oder Gewalt, lassen sich in einer auf Abstand haltenden Form ansprechen und verwenden. Somit lassen sich selbst belastende Themen aufnehmen und bearbeiten. Die Grundidee des Verfahrens ist nun, Stichworte aus der Metapher Geographie als Steigbügel für Coaching-Fragen und damit für einen Ritt durch das zu bearbeitende Coaching-Thema zu benutzen. Sie können in einem Coachingprozess die Fragen assoziativ oder strukturiert stellen. Das liegt an Ihnen oder noch besser, an Ihrem Klienten.

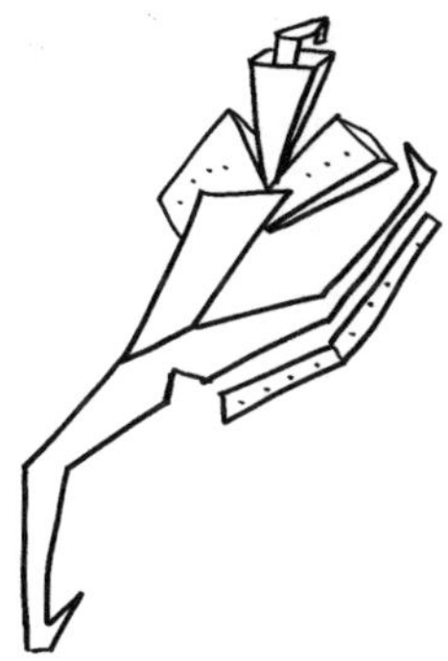

Bitte wählen Sie nun weitere Stichworte aus der Geographie-Metapher aus, um weitere Fragen zu erstellen.

Sitten:

\- -

\- -

Handelsbeziehungen:

\- -

\- -

\- -

\- -

Sie können dem Klienten auch anbieten, sein Thema mit Geographiebegriffen zu strukturieren. So führen Sie gemeinsam ein **mind-geographing** durch, welches Sie durch mind-tracking visualisieren und dadurch ein mindScan erhalten. In einem ersten Anlauf wird Ihr Klient sich selbst und Ihnen sein „Problem" mit den Hauptbegriffen des Themas erklären und strukturieren. Somit bleibt er im Thema und kann dadurch die bisher meist nicht sehr erfolgreiche Betrachtungs- und Bearbeitungsstruktur positiv verändern. Laden Sie ihn ein, eine „gelenkte Geschichte" zu erzählen – wir empfehlen hier die Metapher der Geographie. Dadurch bringt er die Themen von innen nach aussen, beleuchtet sie durch andere Begriffe und wird dadurch kreativer.

Seine Bearbeitungsstruktur folgt nun einem anderen Muster, welches durch den Rahmen Geographie immer wieder ergänzt werden kann und in sich einen gewissen roten Faden hat.

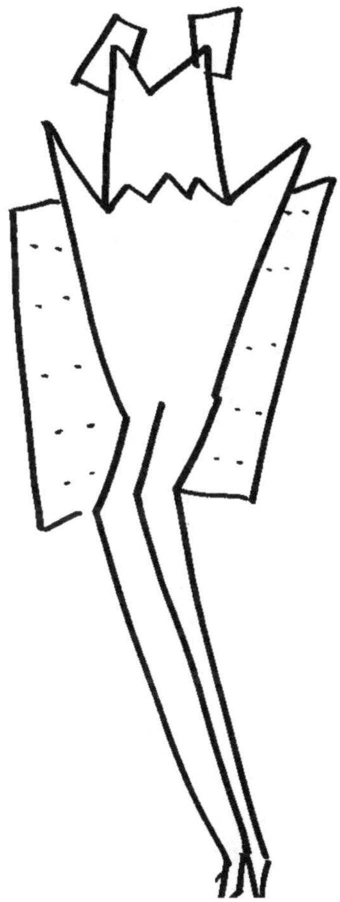

Das Ensemble – eine Metapher

tracking
figuring
picturing
chunking
associating

testing
LernNavigator
Orientierungs-
muster

travelling
Steuerungsfragen
Metaphern
König
Flösserprinzip
Geographie
Ensemble
Bagua

Die Vorstellung eines Ensembles, welches ein Klient zur Bearbeitung einer bestimmten Strategie benutzt, kann für das Coaching eine überaus hilfreiche Metapher sein. Wenn Sie sich von den einzelnen Mitgliedern des Ensembles auch noch eine visuelle Vorstellung ausserhalb Ihres Körpers schaffen, so können Sie diese sicherlich noch besser zum Einsatz bringen. Das Konzept des Ensembles ist am leichtesten an einem Beispiel zu verdeutlichen:

> Ein Mensch lustwandelt in seinem Garten, um sich an Blumen, Sträuchern und Bäumen zu erfreuen. Da fällt sein Blick auf die Hecke des Nachbarn an der gemeinsamen Grundstücksgrenze, weil sie hochgewachsen über den Zaun hängt. Und folgender Impuls kommt in ihm hoch: „... der könnte die Hecke auch mal wieder schneiden, das muss ich ihm unbedingt sagen...“.Kaum ist dieser Impuls verhallt, meldet sich ein anderer: „Das ist doch nicht so schlimm, setz doch die gute Nachbarschaft nicht aufs Spiel ...“, und wie aus dem Nichts erklingt eine weitere Stimme: „Lass Dir doch nicht alles gefallen, du bist doch eh' zu weich ...“ und dem nicht genug, meldet sich noch ein alter Bekannter: „Der hat sich doch schon damals beim Bauen so rücksichtslos verhalten ...“

So, nun spielt sich an der Hecke ein kleines Theaterstück, eventuell ein beginnendes Drama ab. Sie hören in sich unterschiedliche Texte, Szenen leuchten auf und Gefühle stellen sich ein. Warum? Sie wollten doch nur Ihren Nachbarn bitten, mal wieder die Hecke zu schneiden, die in Ihren Garten ragt und Ihren Pflanzen das Licht nimmt.

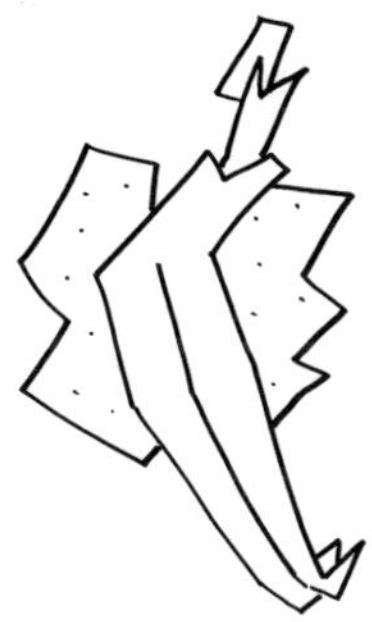

tracking
figuring
picturing
chunking
associating
testing
LernNavigator
Orientierungs-
muster
travelling
Steuerungsfragen
Metaphern
König
Flösserprinzip
Geographie
Ensemble
Bagua

Und schlagartig sind mehrere Spieler auf der Bühne, die alle die Chance des Auftritts nutzen. Sie reagieren prompt auf Stichworte, die in traumwandlerischer Sicherheit den Text auslösen.

Einpersonenstücke gibt es selten – meistens ist bei einem Thema, einem Problem, einem Lösungsversuch oder einer Diskussion sofort ein ganzes Ensemble von Spielern zur Stelle. Oftmals stehen Stücke (Skripte) dieses Ensemble schon das ganze Leben auf dem Spielplan und werden regelmässig aufgeführt (Lebensskript). Da hier Profis am Werk sind, sind diese in der Lage, auch Stegreifstücke wirkungsvoll zu inszenieren.

Um mit diesem Ensemble erfolgreich zu arbeiten, ist der erste Schritt, diese Spieler zu erkennen, sie ausserhalb von sich selbst sichtbar und hörbar zu machen.

Die Ensemblemitglieder sprechen oft verschiedene Sprachen und nutzen Körperempfindungen, Bilder, Satzstücke, Gefühle, logische und unlogische Argumente, Teilwahrheiten, Zeitverwirrungen etc., um sich auszudrücken. Sie verhalten sich wie normale Menschen: Sie reden durcheinander, nicht dann, wenn es hilfreich wäre, wollen dominieren, sind bescheiden im Hintergrund, liegen mit einem anderen im Clinch oder bilden Koalitionen.

Das Ensemble gehört auf die Bühne

Wir sollten uns immer daran erinnern, dass es sich hier um eine Metapher handelt, eine Geschichte, ein Spiel, in dem es darum geht, versteckte Vorgänge durch Rollen sichtbar zu machen.

tracking
figuring
picturing
chunking
associating
testing
LernNavigator
Orientierungs-
muster
travelling
Steuerungsfragen
Metaphern
König
Flösserprinzip
Geographie
Ensemble
Bagua

Die diffusen Konflikte, die sich im Gehirn und im Körper abspielen, gilt es fassbar, begreifbar und damit behandelbar zu machen. Im Coaching verspürt der Klient oft einen Mangel an Fähigkeiten und möchte diesen beseitigen – alleine ist das oftmals nur schwer zu schaffen. Wenn das innere System die Situation nicht mehr optimal regeln kann, dann braucht es einen Helfer aussen, den Coach. Dieser hilft zu erkennen, zu ordnen, Prioritäten zu setzen, Alternativen zu finden und Sichtweisen zu verändern. Und er organisiert vor allem eines: Er hilft, die diffusen inneren Prozesse sicht- und hörbar nach aussen zu bringen und in eine neue Ordnung zu stellen. Er kann helfen, die Dramaturgie und Charaktere der Spieler zu erkennen. Mit dem Coach ist der Klient leichter in der Lage sein Stück umzuschreiben, Rollen und Dialoge zu ändern. Er hilft im wahrsten Sinne, Abstand zu gewinnen und – wieder – zu erkennen, dass bei einem Problem nie die gesamte Person betroffen ist. Es sind lediglich einzelne Verhaltensweisen oder Fähigkeiten, in unserem metaphorischen Beispiel eben das Ensemble.

Der Klient geht von einem assoziierten Zustand in einen dissoziierten Zustand. Im assoziierten Zustand erleben Sie eine Situation in Ihrem Körper, sehen mit Ihren Augen und hören mit Ihren Ohren, Sie sind drin, schlimmstenfalls gefangen in einem Erlebnis. Im dissoziierten Zustand können Sie eine Situation von aussen wahrnehmen, Sie sind quasi Beobachter Ihrer eigenen Situation. Dies ist die richtige Position, wenn Sie Situationen mit negativen Gefühlen verändern wollen, weil Sie dann Abstand zu diesen Gefühlen haben. Nur dann fallen Ihnen wieder neue und kreative Lösungen ein.

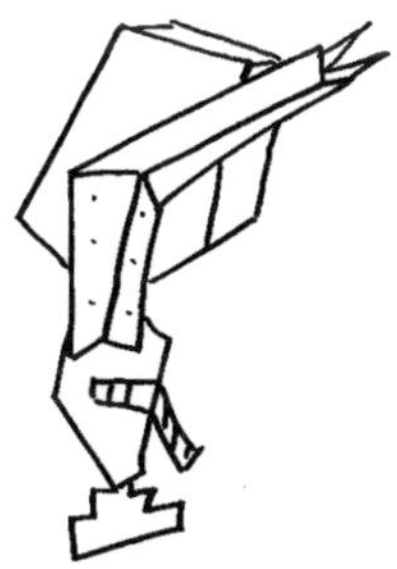

Diesen für Probleme hilfreichen, dissoziierten Zustand können Sie für Ihren Klienten wie folgt organisieren:
Fordern Sie Ihren Klienten auf, sich selbst auf einer Theaterbühne zu sehen und die Aspekte seines Denkens und Fühlens Schauspielern als Rollen zu übertragen. Bei wenigen Rollen können Sie die Visualisierung auf dem Flipchart organisieren, bei einer grösseren Aufführung nehmen Sie ein grosses Stück Papier, den Tisch oder den Raum. Lassen Sie den Rollen kreative Namen geben, wie z.B. das schlotternde Nervenbündel, der blasse Müsli-Freak, der Bluthochdruck-Manager, der risikoabwägende Bedenkenträger, der starke Gustav usw. ...

Die Besetzung bestimmt das Stück

Lassen Sie ihren Klienten dann die Figur auswählen, die dieses Ensemblemitglied besonders gut abbildet und charakterisiert. Lassen Sie ihn den spezifischen Charakter noch durch entsprechende Bemalung hervorheben.

Es gibt Ensemblemitglieder, die ganz vorne auf der Bühne stehen, solche, die im Hintergrund spielen, also die Statisten und auch solche, die im Verborgenen, z.B. hinter dem Vorhang agieren. Es gibt auch diejenigen, die in dem Stück fehlen, jedoch etwas Positives beitragen könnten. Alle drei Bereiche sollten im Coaching durchgegangen werden. Am Leichtesten ist es, wenn Sie bei den eindeutig vorhandenen Spielern beginnen.

Ensemble Anwendung fürs Coaching:

tracking

figuring
picturing
chunking
associating

testing

LernNavigator
Orientierungs-muster

travelling

Steuerungsfragen
Metaphern
König
Flösserprinzip
Geographie
Ensemble
Bagua

1. **Auf der Bühne anwesend:**
   Laden Sie den Klienten ein, die am Thema eindeutig beteiligten Ensemblemitglieder zu identifizieren und sie einzelnen Figuren zuzuordnen. Ihr Klient kann den Beteiligten entweder eigene kreative Namen zuordnen oder sich durch die Ergebnisliste des LernNavigators® inspirieren lassen. Wenn z.B. *hin zu* an erster Stelle stehen würde und dies in einem Coachingthema auch klar erkennbar wäre, so könnte dieser Spieler beispielsweise der „atemlos Vorwärtsdrängende" oder der „Polarstern" genannt werden.

2. **Die Star-Positionen:**
   Inspirieren Sie den Klienten, den Hauptakteuren zuzuordnen, für was sie stehen. Welche Positionen haben sie? Was haben sie zu sagen? Wie fühlen sie sich? Was möchten sie bewirken? Wofür stehen Sie? Verwenden Sie hierzu in einem kleinen Stück die Visualisierungstechnik des trackings. Ein grösseres Stück inszenieren wir später mit der Methode des travellings.

3. **Die Statisten:**
   Suchen Sie gemeinsam nach den Schauspielern, die nicht im Rampenlicht stehen und sich nur schwach äussern. Welche agieren im Hintergrund, sind also nur schwer zu erkennen? Was sagen die, wenn sie nun frei zu Wort kommen? Was wollen sie bewirken? Mit welchen anderen Rollen kommen sie zurecht, mit welchen nicht? Wie fühlen sie sich? Was ist ihre eigentliche Aufgabe?

tracking

figuring
picturing
chunking
associating

testing

LernNavigator
Orientierungs-
muster

travelling

Steuerungsfragen
Metaphern
König
Flösserprinzip
Geographie
Ensemble
Bagua

4. Neue Spieler:

Überlegen Sie nun mit dem Klienten zusammen, welche anderen Spieler zur Bearbeitung des Themas noch hilfreich wären. Wer fehlt, ist jedoch äusserst wichtig? Lassen Sie Ihren Klienten entsprechende Figuren auswählen, ausmalen und benennen. Was können diese Figuren nun noch zum Klären, Verändern und Gelingen des Themas beitragen? Geben Sie Ihrem Klienten hierfür genügend Zeit, weil er nun in ein analytisches und kreatives Verfahren einzusteigen hat – da braucht es Zeit, Spass und Konzentration.

5. Die Aussprache

Lassen Sie nun Ihren Klienten nochmals durch alle Figuren gehen und all das ergänzen, was durch das Veröffentlichen der Inhalte und durch das Auftreten der neuen Mitglieder entstanden ist und sich verändert hat. Achten Sie darauf, dass bei allen Spielern die positive Absicht ihres Verhaltens klar und deutlich erkennbar ist, denn das führt zur Versöhnung und Integration von Rollen, die zunächst als störend, begrenzend, ängstigend etc. erlebt und betitelt werden.

6. Die Entscheidung auf dieser Grundlage

Lassen Sie den Klienten entscheiden, welche Ensemblemitglieder weiter in dem Stück vorkommen, welchen Platz und welche Bedeutung sie erhalten. Nun sieht die Welt anders aus, und ein für alle akzeptabler Veränderungsschritt ist in Sicht. Machen Sie vielleicht mit dem Coach-Modell (Flösserprinzip) eine Zielabstimmung darüber, welche der neuen Verhaltensweisen und Erkenntnisse Ihr Klient in sein Leben einbauen will.

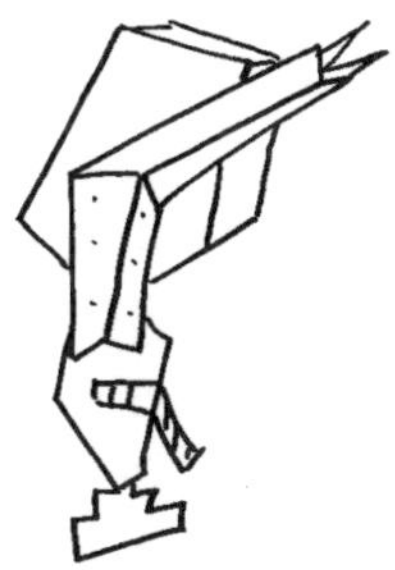

Der Bettenkauf

Ein Klient, nennen wir ihn Ralf, berichtete in einer Coachingsitzung, dass er sich vor kurzem von seiner Frau getrennt habe und nun in einer leeren Wohnung wohne. Das einzige Möbelstück sei eine Matratze auf dem Boden, auf der er jedoch extrem schlecht schlafe. Deshalb habe er sich entschlossen, möglichst schnell ein Bett zu kaufen.

Nun ist davon auszugehen, dass der Kauf eines Bettes wahrlich keines Coaches bedarf, denn dafür gibt es ja Verkäufer, und selbst liegt man ja schliesslich auch jede Nacht stundenlang im Bett, ist also so etwas wie ein Schlafexperte. Der Klient hatte eine andere Erfahrung gemacht. Seine Vorstellung war, in ein Geschäft zu gehen, sich beraten zu lassen, ein Bettgestell, einen Rost und eine Matratze zu kaufen, alles einzupacken, zu Hause aufzustellen – kleine Hautabschürfungen hatte er realistischerweise mit einkalkuliert – und von Stund' an himmlisch zu schlafen. Weit gefehlt, er hatte seine Rechnung ohne seine Ensemblemitglieder gemacht.

Nachdem seine Vorstellung im ersten Geschäft nicht realisiert wurde, konnte er es ja noch auf den Verkäufer schieben – beim vierten Anlauf war er immer noch der Meinung, dass es eben keine kompetenten Bettenverkäufer in der Stadt gibt, aber beim siebten Versuch kapierte er, dass dieses Bettenkauf-Fiasko wohl etwas mit ihm zu tun haben könnte. Eigentlich hatte er für dieses Thema keine Zeit, und schon deshalb wollte er dies alles schnell und erfolgreich hinter sich bringen. Vor dem achten Versuch war er glücklicherweise wegen eines ganz anderen Themas beim Coaching, und so konnten wir dieses Problem gleich mit behandeln. Wir liessen Ihn dissoziieren und befragten die beteiligten Spieler:

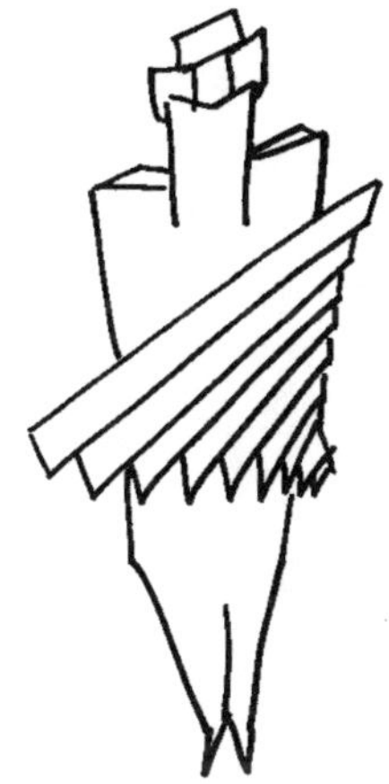

tracking

figuring
picturing
chunking
associating

testing

LernNavigator
Orientierungs-
muster

travelling

Steuerungsfragen
Metaphern
König
Flösserprinzip
Geographie
Ensemble
Bagua

Auf der Bühne anwesend:
- der schwäbische Extrem-Kostenminimierer
- der Teilzeit-Ökofreak
- der Herr Viel- und Gerneschlaf
- der rationale Einkaufsmanager
- der Innenraum-Ästhet

Die Star-Positionen:
Dem schwäbischen *Extrem-Kostenminimierer* wäre es am liebsten gewesen, alles geschenkt zu bekommen. Er verkündete lauthals, dass er sowieso vermute, dass diese „Auszieharie" nur von kurzer Dauer sei, und dann das ganze schöne Geld für das Bett umsonst ausgegeben worden ist. Ferner gab er zu bedenken, dass der vorgesehene Schläfer eh' fünf Nächte in der Woche wegen seines Berufes in Hotelbetten verbringe, und dass sich wegen einer oder zwei Nächten eine grosse Investition auf gar keinen Fall rentiere. Er verliebte sich überall in Billigware, die schon so ätzend roch und blätterte auffallend oft in dem Katalog eines bekannten Möbelhauses aus Schweden. Da gab es ein Bettgestell für DM 125,00, Roste und Matratzen entsprachen auch eher seinem Preisniveau – traumhaft für den schwäbischen Extrem-Kostenminimierer. Der einzige Haken: Zum Möbelhaus hin und wieder zurück waren 270 km und mindestens insgesamt sechs teure Arbeitsstunden zu investieren. Also blieb man hier und hatte kein Bett.
Der *Teilzeit-Ökofreak* hatte gehört, dass Betten metallfrei zu sein hätten, denn Metall störe irgendwelche unsichtbaren Felder und verhindere dadurch einen erholsamen Schlaf. Ferner sei die einzig richtige Entscheidung eine Naturlatex-Matratze mit mindestens fünf Zonen zum Stützen bestimmter Körper-

tracking

figuring
picturing
chunking
associating

testing

LernNavigator
Orientierungs-
muster

travelling

Steuerungsfragen
Metaphern
König
Flösserprinzip
Geographie
Ensemble
Bagua

partien und einer Höhe von mindestens 14 cm. Und ein Rost ist nur eine guter Rost, wenn sich die einzelnen Latten bewegen und in der Härte einstellen lassen, um so die Körperform abbilden zu können. Die 374 anderen Argumente sprengen hier den Rahmen.
Der *Herr Viel- und Gerneschlaf* hielt sich in der Diskussion weitgehend zurück, sein einziger Wunsch war, bald mal wieder in einem eigenen Bett schlafen zu können, am besten schon heute nacht.
Der *rationale Einkaufsmanager* bestand darauf, alles sofort in einem Rutsch und mit besten Konditionen zu erwerben.
Der *Innenraum-Ästhet* akzeptierte auf Grund der Fussbodenfarbe nur weiss oder ein helles Holz für das Bettgestell, gegen alle anderen Farben widersetzte er sich mit aller Macht. Auch sträubte er sich gegen ein erhöhtes Kopfteil, welches man so gemütlich zum halbliegenden Sitzen und Lesen gebrauchen könnte – das störe die Stimmung des Raumes.

Die Statisten
Ensemblemitglieder im Hintergrund schien es keine zu geben. Doch wurde deutlich, dass der Wunsch nach Information über Bettgestelle, Matratzen und Roste bei genauerem Hinsehen vorhanden war. Und tatsächlich kam hinter dem Vorhang ein neues Teammitglied zum Vorschein: Herr Rational-Entscheider. Dies war einer, der immer mal wieder zaghaft versuchte, in die verwirrenden Matratzen-, Bettgestell- und Rostinformationen gewisse Strukturen zu bekommen, was ihm jedoch nicht gelang.

Neue Spieler
Neue Mitglieder des Ensembles waren für Ralf zum Lösen dieses Problems nicht nötig, da er entschied, dass diese ausreichten und nur neu geordnet werden mussten.

tracking

figuring
picturing
chunking
associating

testing

LernNavigator
Orientierungs-
muster

travelling

Steuerungsfragen
Metaphern
König
Flösserprinzip
Geographie
Ensemble
Bagua

Die Aussprache

Da sich alle Ensemblemitglieder in Ruhe äussern konnten und alles einzelnen Figuren zugeordnet war, wurden folgende Kombinationen und Allianzen deutlich:

Der schwäbische Extrem-Kostenminimierer und der rationale Einkaufsmanager waren sich in vielen Punkten einig. Auch hatten sie den Herrn Viel- und Gerneschlaf auf ihrer Seite, weil alle Billigartikel auch zum Mitnehmen waren und er so schnell zu seinem Bett gekommen wäre. Dies gefiel auch dem rationalen Einkaufsmanager, der für den Besuch in einem grossen Möbelhaus bereits einen Helfer zum Tragen organisiert hatte.Diese Herren zog es zu Discountern und grossen Möbelhäusern. Der Teilzeit-Ökofreak lehnte diese Discounter-Mentalität natürlich vehement ab und begab sich in die Naturläden. Dort wurde es dem schwäbischen Extrem-Kostenminimierer dann jedesmal schwarz vor Augen, wenn er zusammenrechnete und für ein Schlafsystem in der untersten Preisklasse bei ca. DM 4000,00 landete. Im übrigen war Herr Viel- und Gerneschlaf zwar angetan von der Aussicht in einem solchen Schlafsystem zu ruhen, aber: Lieferzeit vier bis sechs Wochen. Ferner sollte er sich für eine Matratzenhärte und ein Rostsystem entscheiden.

Das ging so. Herr Viel- und Gerneschlaf musste sich in kurzen Abständen auf Matratzen unterschiedlicher Härte und mit unterschiedlichen Zonen legen und dann sagen, auf welcher Matratze er besser liegt – die Schuhe durfte er übrigens anbehalten. An dieser Stelle war er völlig überfordert, denn nach einer Minute Liegezeit pro Matratze konnte er nicht sagen, wie dieses Gefühl sich wohl über 6 – 8 Stunden Liegezeit entwickeln würde. Der schwäbische Extrem-Kostenminimierer lag ihm dabei auch noch ständig in den Ohren, denn bei DM 1500,00 für eine Matratze sollte man ja schon sicher sein, denn

tracking

figuring
picturing
chunking
associating

testing

LernNavigator
Orientierungs-
muster

travelling

Steuerungsfragen
Metaphern
König
Flösserprinzip
Geographie
Ensemble
Bagua

für die nächsten 30 Jahre wäre das Thema damit gegessen. Der Innenraum-Ästhet meldete sich auch noch zu Wort und gab zu bedenken, dass das alles halt nicht so „grün" aussehen sollte. Herr Viel- und Gerneschlaf verliebte sich ständig in das gemütlich aussehende Kopfteil, das separat zu erwerben war und zum Lesen im Bett geradezu einlud. Die Herren schwäbischer Extrem-Kostenminimierer und Innenraum-Ästhet sahen ihm das förmlich an und fuhren ihm schon bei dem puren Gedanken unsanft in die Rippen. Der Schwabe im Klienten rief zur Ordnung und machte klar, dass ein Bett zum Schlafen und nicht zum Lesen zu benutzen sei. Der Innenraum-Ästhet schwor auf schlichte Formen, die das Raumerlebnis nicht störten. Der Viel- und Gerneschläfer erwiderte zaghaft, dass er die kurze Zeit während des Lesens das Raumerlebnis höchstens indirekt wahrnehmen würde und ansonsten beim Schlafen meistens die Augen zu habe.
Also erkannten wir, dass es wechselnde Lager gab, die sich gegenseitig blockierten. Deshalb waren mindestens die letzten drei Einkaufsversuche gescheitert – der nächste Fehlversuch war vorprogrammiert, die Zeit verrann, der Frust stieg an.

Die Entscheidung auf dieser Grundlage
Wir fragten im Coaching, ob es bei diesen sieben Möbelhäusern eines gab, das allen Beteiligten im Prinzip gerecht werden konnte. Ja, dieses gab es, und der Klient marschiert mit all seinem Wissen über Betten und über seine inneren Teammitglieder hin. Dort wurde ein Bettgestell aus Buche, geölt und gewachst für DM 798,00 angeboten, eine Komfort-Naturlatexmatratze für DM 1479,00 und ein Lattenrost für DM 398,00.
In dieses Geschäft ging der Klient und ...kaufte.
Warum?

Coaching reorganisiert Klarheit

tracking
figuring
picturing
chunking
associating

testing
LernNavigator
Orientierungsmuster

travelling
Steuerungsfragen
Metaphern
König
Flösserprinzip
Geographie
Ensemble
Bagua

Der schwäbische Extrem-Kostenminimierer wurde gewürdigt, weil dieses Bett das preisgünstigste in dieser Qualität war. Ihm wurde versichert, dass ein Schlafsystem mit einem nicht allzu teuren Bettgestell bei Bedarf besser verkauft werden kann als eine Billigversion. Er sah ein, dass die Billigversion auf jeden Fall, egal wie alt, weggeworfen oder verschenkt werden muss, falls das Bett über kurz oder lang tatsächlich nicht mehr gebraucht werden sollte. Er sah auch, dass eine wirklich hochwertige Matratze in der ganzen Stadt ca. DM 1500,00 kostete, der Rost jedoch hier zu einem guten Preis zu bekommen war. Der Teilzeit-Ökofreak war natürlich schnell zu begeistern, weil alle Produkte aus natürlichen Materialien hergestellt waren – er hatte lediglich acht Verbindungsschrauben zu akzeptieren. Diese, so der Verkäufer, seien aber laut Baubiologen für einen erholsamen Schlaf nicht störend. Dies gefiel natürlich auch dem Viel- und Gerneschläfer. Ihm kam der Rational-Entscheider zu Hilfe, der sich nun in eine bessere Position weiter vorne auf der Bühne gebracht hatte und fragte den Verkäufer nach objektiven Kriterien für die richtige Matratzenwahl, denn auch hier ging es wieder im Minutentakt über die Matratzen mit den unterschiedlichen Härtestufen – bleiben Sie doch einfach etwas länger liegen. Der Verkäufer freute sich über dieses Interesse und brachte einen Messstab, mit dem im Liegen die Durchbiegung der Wirbelsäule auf der jeweiligen Matratzenstärke gemessen werden konnte. Auf den drei Matratzen gab es Werte von 0,5 cm bis 2,5 cm. Hurra, die mit 0,5 cm wurde genommen, das ist gesund!

Auch der Innenraum-Ästhet kam zum Zuge. Buche war ihm hell genug – er genehmigt sogar noch eine sich optisch sehr zurückhaltende Einstecklehne für DM 290,00, was ihm der Viel- und Gerneschläfer natürlich nie mehr vergessen wird. Nur,

tracking
figuring
picturing
chunking
associating
testing
LernNavigator
Orientierungs-
muster
travelling
Steuerungsfragen
Metaphern
König
Flösserprinzip
Geographie
Ensemble
Bagua

Lieferzeit knappe vier Wochen. Aufgrund des herrlichen Schlafsystems nahm es der Herr Viel- und Gerneschlaf hin, weil er auch in seinem Terminkalender sah, dass er in diesen vier Wochen viel unterwegs war. Für den schwäbischen Extrem-Kostenminimierer gab es noch eine kleine Entscheidungshilfe. Bei Bezahlung von 60% nach 14 Tagen gibt es 2% Skonto und die Anlieferung und der Aufbau sind auch noch drin. Auch der rationale Einkaufsmanager gab seinen Segen, denn es lief nun alles seinen geordneten Weg, die Akte konnte damit geschlossen werden. Ende gut, alles gut, das Schlafsystem ist gekauft. Es kostete DM 2965,00 – das preiswerteste Paket in diesem hochwertigen Naturbereich. Bei Licht besehen war das Angebot in einem anderen Naturladen auch nicht viel höher, aber die Ensemblespieler waren sich dort nicht einig gewesen.
Zu Hause fiel dem schwäbischen Extrem-Kostenminimierer dann noch ein, dass er noch ein Bezugsset oder ein Kopfkissen – am besten beides hätte heraushandeln können, denn die vierteljährliche Steuervorauszahlung in einem hohen fünfstelligen Betrag stand an. Aber leider, der Vorhang war gefallen, das Stück zu Ende, die Lichter aus.

Für Ralf war hilfreich, so seine Rückmeldung, alle Beteiligten dieses inneren kontroversen und undisziplinierten Gequatsches mal zu sehen und jeden alleine zu hören. Die Visualisierung ausserhalb der Person half, jeden zu würdigen und neu zu gewichten. Und dies half, ein Bett zu erwerben.

Diese Darstellung der Metapher des Ensembles enthielt für Sie wahrscheinlich unwichtige und wichtige Ideen, weniger Spannendes und Hochspannendes. Nehmen Sie die Gelegenheit wahr, dieses mit den Methoden des *mindtrackings* darzustellen.

tracking

figuring
picturing
chunking
associating

testing

LernNavigator
Orientierungs-
muster

travelling

Steuerungsfragen
Metaphern
König
Flösserprinzip
Geographie
Ensemble
Bagua

Zur Erinnerung und Übung für Fortgeschrittene

Achten Sie nun darauf, was bei Ihnen passiert, wenn Sie alle Visualisierungselemente ins Gegenteil verkehren, z.B. Worte, die Sie auf lange Striche gezeichnet haben, bekommen nun kurze Striche. Die kleine Schrift wird gross, das Bunte wird schwarzweiss, aus einer dynamischen Figur wird eine ruhige. Wie wirkt sich das auf die Betrachtung in Bezug auf das Thema aus? So erkennen Sie sehr schnell und deutlich, dass diese Elemente erheblichen Einfluss auf die Wahrnehmung und auf das Erleben eines Themas haben. Elemente der Distanz und der Grösse in unserer Wahrnehmung sind auch deutlich in unserer Sprache zu hören.

Formulierungen, die ***grosse Distanz und kleine Grösse*** *widerspiegeln:*

... wir sind weit davon entfernt ...
... es ist ausserhalb unserer Reichweite ...
... es ist für uns so weit weg ...
... wir sind froh, es nicht sehen zu müssen ...
... das ist doch eine Kleinigkeit ...
... das liegt uns fern ...
... das spielt sich höchstens am Rande ab ...

Formulierungen, die ***kurze Distanz und grosse Grösse*** *ausdrücken:*

... das ist doch naheliegend ...
... es ist greifbar nahe ...
... an der Stelle sind wir die Grössten ...
... hier sind wir unübertroffen ...
... das ist doch ein Riesenthema ...
... das ist doch unübersehbar ...
... das steht bei uns im Mittelpunkt ...

Viel Spass!

Bagua – eine Metapher

tracking

figuring
picturing
chunking
associating

testing

LernNavigator
Orientierungs-
muster

travelling

Steuerungsfragen
Metaphern
König
Flösserprinzip
Geographie
Ensemble
Bagua

Im Feng Shui, einer uralten und heute sich grosser Beliebtheit erfreunden chinesischen Lehre über Energieströme vorallem in Gebäuden, fanden wir eine spannende Metapher fürs Coaching – das Bagua. Es gleicht einem Röntgenbild über den Energiezustand von Räumen.

Eine Analyse von Wohnbereichen durch dieses Verfahren zeigt, welche Lebensthemen durch den Raum gut mit Energie versorgt sind und welche einer besonderen Unterstützung bedürfen. Im Feng Shui gibt es viele Möglichkeiten, fehlende Bereiche oder Bereiche mit wenig oder schlechter Energie zu verändern, um somit den Energiefluss ins Lot zu bringen. Wir wissen natürlich nicht, ob die Idee der Bagua-Zonen Ihr Wohlbefinden tatsächlich beeinflusst – probieren Sie es einfach aus. Erstens sind die Bagua-Zonen spannende Metaphern und zweitens bieten sie weitere Elemente der Betrachtung, sowie eine Bearbeitungsstruktur für Coachingthemen an.

Die leeren Bagua-Felder können Sie für Ihre Ideen nutzen. In der hinteren Klappe finden Sie einige Vorschläge für Bagua in Farbe.

Wieder von der Rolle kommen!

Wichtig: Bevor Sie nun auf den folgenden Seiten eine oder mehrere Rollen bearbeiten, stellen Sie sicher, dass Sie danach auch wieder "von der Rolle kommen". Sie tun das, indem Sie jetzt einen Erinnerer schaffen. Einen Ort im Raum, eine Handlung, ein Reizwort, dass Sie sicher sein lässt, im Hier und Jetzt zu sein. Nach der Coachingsitzung wiederholen Sie mit Ihrem Klienten diese Handlung, lassen das Wort nennen, gehen zu dem Ort im Raum und lassen vielleicht sagen: „Ich bin jetzt wieder...". Stellen Sie sich vor, Sie gehen mit Ihrem Coachingpartner auf eine Reise und kommen auch wieder von dieser Reise zurück.

Die neun Felder des Original-Bagua symbolisieren die folgenden Lebensbereiche:

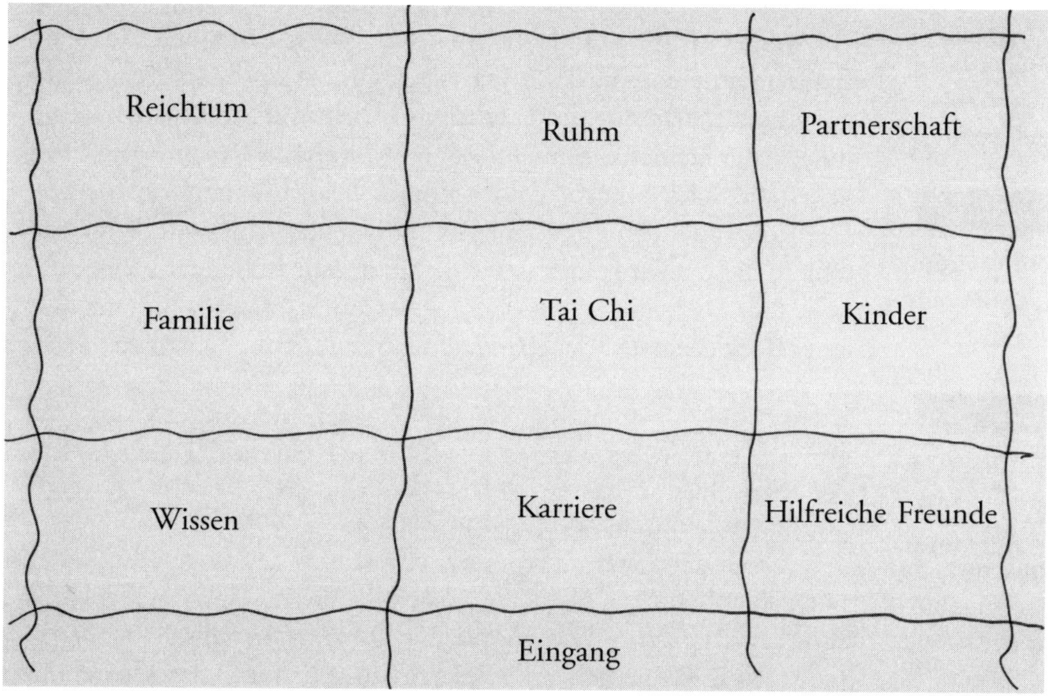

tracking

figuring
picturing
chunking
associating

testing

LernNavigator
Orientierungs-
muster

travelling

Steuerungsfragen
Metaphern
König
Flösserprinzip
Geographie
Ensemble
Bagua

Anlehnend an die Bagua-Idee können Sie ein 9-Felder-Raster in einem Raum auslegen und somit eine Bühne schaffen. Auf neuen Feldern lässt sich einiges darstellen und gleichzeitig laden die neuen Felder zum Strukturieren, Ordnen und Auswählen ein. In vielen Fällen ist bereits dies ein hilfreicher Vorgang, weil sich in den Klienten die zu bearbeitenden Themen häufig amorph repräsentieren. Die auf den Feldern geschaffene Ordnung und Übersicht ist in dieser Struktur offen und kann so lange verändert werden, bis sich ein vorläufiger „Endzustand" ergeben hat. Diese Offenheit lädt zum Experimentieren ein, denn jeder Zustand ist optisch wieder rückgängig zu machen – die Erfahrung bleibt und strukturiert weiter mit. Sicher kennen Sie auch die Schachbretter in Parkanlagen. Dort gehen die Spieler auf die Felder, um die Schachfiguren umzusetzen. Der Körper wird eingesetzt und lernt und entscheidet mit. Wir empfehlen, diese neun Felder tatsächlich auf dem Boden zu kennzeichnen. Der Bodenbelag entscheidet bestimmt mit, ob Sie dies mit einer Kreide, einem Klebeband, einer Schnur etc. tun wollen.

Belegen Sie mit dem Klienten die Bagua-Felder mit je einem Begriff aus einer Metapher – wie. z.B. den Figuren, der Geographie, des Ensembles – oder mit Elementen aus dem LernNavigator®, um Ihr Coachingthema zu strukturien.

Die Felder brauchen nicht alle ausgefüllt zu sein – leere Felder regen zum Ergänzen, zum Umgruppieren und zum Austausch an. Wichtig ist dann, körperlich auf jedes Feld zu gehen und das Thema mit diesem Feld-Begriff zu bearbeiten. Deshalb nennen wir dieses Verfahren *travelling*. Inhaltliche Informationen und Zitate schreiben Sie auf Karten und legen diese in das Feld. Wir empfehlen, die Felder auch zusätzlich mit neuen Figuren oder Begriffen zu belegen und sich dadurch noch weitere Anregungen zu holen. Achten Sie auf die Felder-Begriffe zu Beginn – lassen Sie im weiteren Prozess die Felder immer wieder umsortieren, füllen Sie die leeren Felder

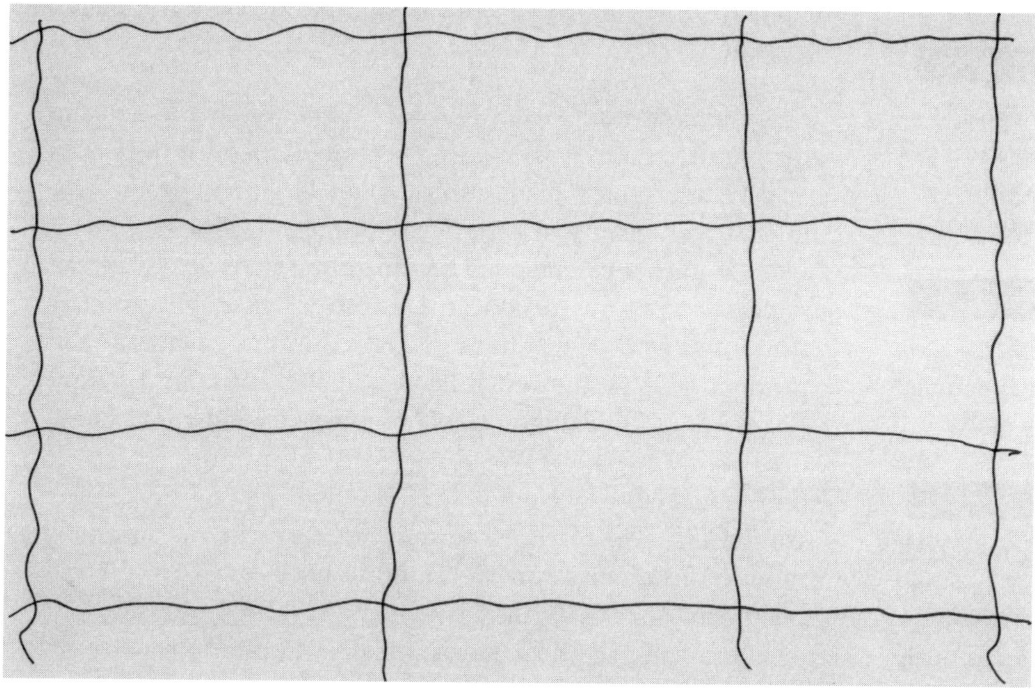

auf. Was passiert dann? Machen Sie dies so lange, bis Sie Veränderungen sehen und spüren oder Ihr Ziel erreicht haben. Der Sollzustand hat dann wahrscheinlich andere Felder-Begriffe und eine andere Felder-Zuordnung. Lassen Sie Ihren Klienten immer wieder über die Felder gehen und in den einzelnen Feldern verweilen. Erst wenn der Körper in den Feldern ja sagt, hat sich eine Veränderung eingestellt.

tracking

figuring
picturing
chunking
associating

testing

LernNavigator
Orientierungs-
muster

travelling

Steuerungsfragen
Metaphern
König
Flösserprinzip
Geographie
Ensemble
Bagua

Begrüssen wir nun wieder Ralf, der immer noch auf dem Boden schläft. Der Auslieferungstermin seines himmlischen Schlafsystems rückt unabwendbar näher, die Spieler geben Ruhe und haben Sendepause – die Welt könnte in Ordnung sein.
Nur, da gibt es ein weiteres Ensemble auf dem Spielplan, das sich ganz schön ins Zeug legt. Das Stück heisst „Der Totalabsturz" und wird täglich mit viel Theaterdonner mehrmals aufgeführt. Und so kam es: Eine beginnende neue und heftige Beziehung beschleunigte seine Trennung von Tisch und Bett – der Beschleuniger war seine Frau. Als sie dies erfuhr, packte sie ihm seine Habseligkeiten in drei Waschkörbe und stellte diese vor die Tür. Das machte Ralf nun nicht so sehr viel aus, denn in einer deutlichen *Hin-zu*-Euphorie hatte er ja schon etwas besonders Attraktives in Aussicht. Er hätte nie gedacht, dass eine Trennung so leicht sein kann. Die Euphorie dauerte genau zwei Wochen. Dann brach der neue Schwarm den emotionalen Senkrechtstart jäh ab. Sie wolle das alles nicht so schnell und so eng, am liebsten wäre ihr jetzt wieder eine neutrale Beziehung. Unser Ralf landete relativ unsanft auf dem Boden der Tatsachen. Manchmal machte er noch einen jämmerlichen Startversuch, aber so richtige Höhe konnte er nicht mehr gewinnen. Und jetzt tanzten die Gefühle wild in ihm herum, seine Konzentration für seinen Beruf war teilweise so eingeschränkt, dass Kunden und Kollegen ihn auf seine geistige Abwesenheit ansprachen – so konnte und durfte das nicht wei-

tergehen. Natürlich weiss er, dass die Zeit heilt, zehn Jahre wollte er jedoch nicht warten. Er wollte den Zustand etwas schneller auf ein erträgliches Mass bringen und dabei etwas für's Leben lernen. Das war die Situation.

tracking

figuring
picturing
chunking
associating

testing

LernNavigator
Orientierungsmuster

travelling

Steuerungsfragen
Metaphern
König
Flösserprinzip
Geographie
Ensemble
Bagua

Das Thema schien uns für die Metapher des Bagua angebracht. Wir räumten die Stühle zur Seite und errichteten eine virtuelle Bagua-Bühne. Wir fragten nach, wer in den einzelnen Räumen bzw. Zonen mit welcher Energie wohnt. Folgende Bewohner stellten sich uns mehr oder weniger freundlich und freiwillig vor:

Der Dahinschmelzende
Der Im-Stolz-Angekratzte
Der Vergangenheitsträumer
Der fürsorgende Vater
Der Gestreichelt-werden-Wollende
Der Zukunftslose
Der Auf-Sie-Zornige
Der Ehemann-mit-schlechtem-Gewissen
Der Manchmal-ordnende-Regisseur
Der Psychoanalytiker

Alle wohnten in einem Haus ausser der Psychoanalytiker. Er bewohnte eine separate Einheit im Garten mit Praxis für Privatpatienten. Die Figuren im Mehrfamilienhaus führten sich zur Zeit sehr wild auf. Sie zogen immer mal wieder um, bildeten Spontan-Wohngemeinschaften und hielten sich natürlich an keine Hausordnung. Am schlimmsten war der Krach bis spät in die Nacht. Der sich als Manchmal-ordnender-Regisseur vorstellte war in Wahrheit ein relativ schwacher Hausmeister. Das Haus mit seinen Bewohnern war die Hauptrequisite auf der Bühne. Wir legten die Karten mit den Figuren auf dem Boden dieses 9-Felderschemas aus und baten Ralf, sich auf das jeweilige Feld zu stellen und den Text dieser Figur zu sprechen. Die wichtigsten Textpassagen schrieben wir für Ralf auf

tracking

figuring
picturing
chunking
associating

testing

LernNavigator
Orientierungs-
muster

travelling

Steuerungsfragen
Metaphern
König
Flösserprinzip
Geographie
Ensemble
Bagua

Karten und legten sie in das Feld. Die Coachingsitzung war beendet, als wir in jeder Wohnung waren und alle kennengelernt und gesprochen hatten.

Ralf ging es nach diesem Spiel deutlich besser. Er war lustiger und guter Dinge. Es hatte ihn erleichtert, die Mitspieler entsprechend darstellen zu können. Am hilfreichsten für ihn war, die genaue Anzahl der Mitspieler zu ermitteln und nun alle zu kennen.

Zwei Wochen später rief Ralf an und berichtete nicht ohne Stolz, dass „dieses Thema" für ihn nun so gut wie durch wäre. Auch wir verspürten etwas Stolz in unserer Brust und fragten, wie denn das gekommen sei. Und es kam so: Nach der Bagua-Tour konnte sich Ralf auf den Weg zu einer „neutralen Beziehung" machen. Zu einer neutralen Beziehung, so Ralfs Definition, gehört auch mal ein Anruf, um zu fragen, wie das Wetter so ist, und wie es geht. Genau das tat er. Er merkte natürlich, dass seine Stimme nicht so klang wie normal, aber er kam mit der Situation ganz gut zurecht. Nach einigen belanglosen Sätzen begann sein ehemaliger Schwarm auf der Schreibmaschine zu schreiben (wir waren sehr erstaunt, dass es noch Schreibmaschinen gibt) und gleichzeitig mit ihm zu telefonieren. Und da passierte es. Die Lautstärke der Anschläge hallten wie Schüsse in Ralfs Ohr. Dies war für ihn so schlimm, dass er nach wenigen Sätzen das Telefonat zu Ende brachte. Dies war ziemlich leicht, weil die richtige Konversation doch nicht aufkommen wollte. Und als er aufgelegt hatte, fühlte er sich anders als vor dem Telefonat – er fühlte sich leichter, freier. Er dachte nach, wann während des Telefonates dieses Gefühl begonnen hatte und stellte fest, dass es die schussartigen Anschläge waren, die wohl in seinem Gehirn etwas verändert hatten.

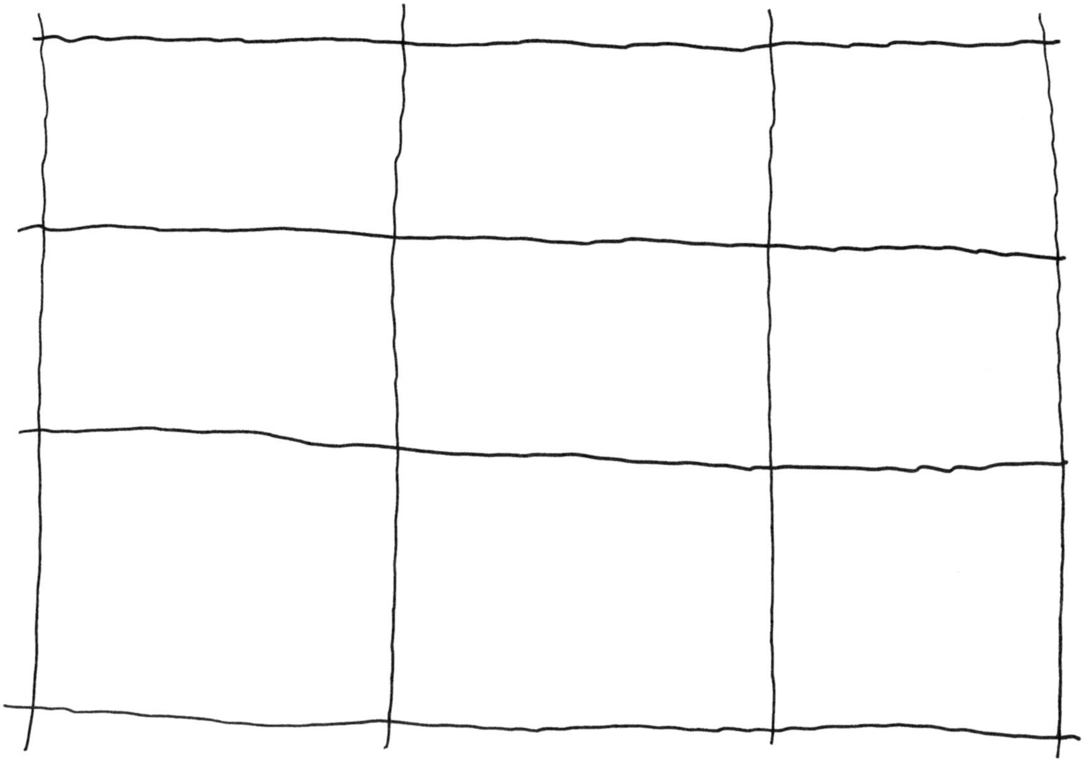

tracking

figuring
picturing
chunking
associating

testing

LernNavigator
Orientierungs-
muster

travelling

Steuerungsfragen
Metaphern
König
Flösserprinzip
Geographie
Ensemble
Bagua

Wir schauten nochmals auf die Ergebnisse seines LERNNAVIGATORS®, und es war uns klar: Der höchste Prozent-Wert bei Ralf ist „hören". Dieser Sinneskanal ist bei ihm gut ausgebildet und wichtig.

Dadurch, dass die Informationsaufnahme bei dem Telefonat mit derart unangenehmen Geräuschen begleitet wurde, hat sich die Situation für ihn verändert. Er gibt zu, dass er schon noch öfter auf sein Handy schaut, ob das „i" aufleuchtet und ihn über eine Textnachricht oder über eine Nachricht auf der Mailbox informiert . Auf die hatte er sich immer besonders gefreut. Er spürt jedoch, dass dabei die schmachtenden und verzehrenden Gefühle weg sind – und das wollte er. Leider konnte er noch nicht testen, wie es ist, wenn das „i" von ihr tatsächlich aufleuchtet, denn SIE pflegt die neutrale Beziehung ohne Telefonate und Textnachrichten auf das Handy.

Bei unserem nächsten Termin sah Ralf deutlich ausgeschlafener aus. Sein Schlafsystem war angekommen. Alle inneren Ensemblemitglieder waren sehr froh und konnten tief und fest schlafen – eine gute Entscheidung, sagten alle.
Nur, es war etwas eingetreten, was Ralf so nicht erwartet hatte. Das spezielle „i" auf dem Handy blieb auch weiterhin aus, doch er traf sie bei einer beruflichen Zusammenkunft – und dies völlig unerwartet. Der Dahinschmelzende aus dem Ensemble fing schon wieder leicht an zu tropfen, aber diesmal war der Manchmal-ordnende-Regisseur hilfreich zur Stelle und beruhigte ihn. Ralf merkte, dass er deutlich unkonzentrierter war als sonst, er jedoch die Situation nur mit leichten Gefühlswallungen bestehen konnte.
Doch während der Sitzung gingen seine Wahrnehmungsschleier langsam aber sicher auf. Die, die da souverän agierte, war eine andere als die, in die er sich verknallt hatte. Da handelte die professionelle Marketingfrau, die er natürlich auch kannte, ihr

Coaching reorganisiert Wege

tracking

figuring
picturing
chunking
associating

testing

LernNavigator
Orientierungs-
muster

travelling

Steuerungsfragen
Metaphern
König
Flösserprinzip
Geographie
Ensemble
Bagua

Lachen verriet sie. Da war dieses Lachen, das für die Öffentlichkeit produziert wurde. Einen Tick zu laut, zu spontan und zu lang – wirklich gut gemacht, es hatte seine Wirkung noch nie verfehlt. Und wenn er ehrlich war, bei ihm auch nicht. Und als er sich während des Meetings an die kurzen schönen Stunden erinnerte, war ihm auf einmal klar, dass er es immer mit drei Spielerinnen zu tun hatte. Irgendwie kam ihm das Märchen von Aschenputtel in den Sinn.

Auch bei ihm gab es das Aschenputtel, er nannte sie die Anbiegsame, dann war da tatsächlich auch die böse Stiefmutter und die Stiefschwester, die sich gerne darstellte. Schon während seiner kurzen Beziehung wunderte er sich, dass ihm ab und zu eine andere Frau gegenüber sass.
Alle drei sahen für ihn zunächst gleich aus – nun musste er schmunzeln, weil ihm die Werbung einfiel, in der Dank der richtigen Kosmetik Mutter und Tochter nicht mehr voneinander zu unterscheiden waren. Genau dieses Produkt mussten wohl alle benutzt haben. Nur an den Reaktionen merkte er die Unterschiede. Die Anbiegsame war sanft, anschmiegsam und rücksichtsvoll. Die Stiefmutter schrill, kritisch und zurechtweisend. Die Stiefschwester gab sich intelligent und witzig – bei genauerem Hinsehen hielt die Fassade jedoch nicht. Sie widersprach sich zu häufig. Und nun wurde ihm klar: Stiefmutter und Stiefschwester hielten die Anbiegsame unter Verschluss. Mutter und Schwester hatten geworben und wollten ihn für sich. Doch er hatte die Anbiegsame entdeckt und befreit und sich in sie verliebt. Für kurze Zeit nur, dann wurde sie von den beiden eingefangen und wieder weggeschlossen. Genau so war es. Diese Szenen, die er nun alle auf einer virtuellen Bühne vor sich sah, erleichterten.

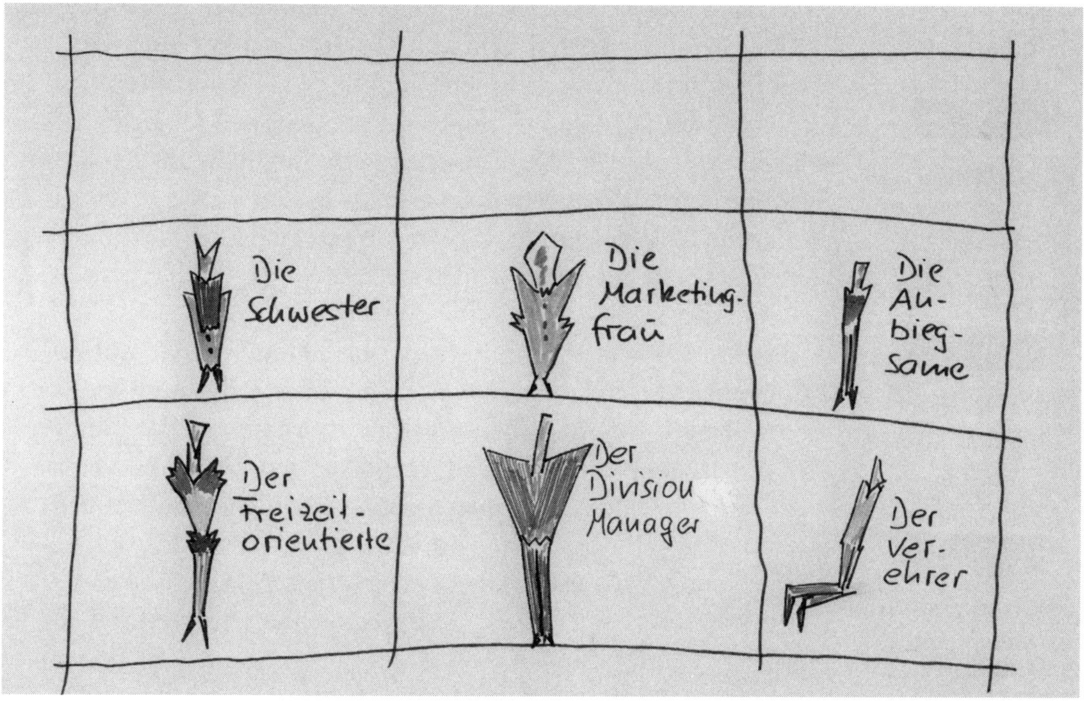
Die Schwester
Die Marketing-frau
Die Anbieg-same
Der Freizeit-orientierte
Der Division Manager
Der Ver-ehrer

tracking

figuring
picturing
chunking
associating

testing

LernNavigator
Orientierungs-
muster

travelling

Steuerungsfragen
Metaphern
König
Flösserprinzip
Geographie
Ensemble
Bagua

Die Metapher des Ensembles half ihm, diesen inneren Knoten zu lösen. Nach der Trennung suchte er immer nur die Anbiegsame und fand immer nur Stiefmutter oder Stiefschwester. Genau während des Meetings hatte er es bemerkt. Der Dahinschmelzende versuchte Kontakt mit der Anbiegsamen aufzunehmen und erhielt eine schallende Ohrfeige von der bösen Stiefmutter. Ja genau, so funktionierte das Spiel schon seit einiger Zeit, nur jetzt hatte er es endlich durchschaut. Die Rollen und Dialoge passten nicht mehr zusammen, und er schickte immer wieder nur die Rollen von sich auf die Bühne, die in der Szene mit der Anbiegsamen vorkamen. Jetzt wahr ihm klar, dass er das Stück anders zu besetzen hatte.
Aus der bösen Stiefmutter wurde die Marketingfrau, aus der Stiefschwester einfach nur die Schwester und die Anbiegsame blieb. Er schickte nun ebenbürdige Charaktere auf die Bühne. Die Marketingfrau erhielt an ihre Seite den Divisions-Manager, einen dynamischen, entscheidungsfreudigen und eloquenten Typen. Die Schwester erhielt einen von diesen freizeitorientierten Vertretern, mit dem sie quatschen und Spass haben konnte. Die Anbiegsame erhielt einen Verehrer, der ihr viel Kraft und viele gute Wünsche senden konnte. Er konnte nun einen emotionalen Waffenstillstand schliessen, weil er erkannte, dass die Marketingfrau und die Schwester auf ihre Art für die Anbiegsame sorgten. Sie beschützen sie – für ihn natürlich um einige Kategorien zu streng. Ab und zu, so dachte er, könnten sie ihr schon Ausgang gewähren. Dadurch, dass er nun die beiden anderen kannte und in ihrer Art ernst nahm, stimmten die Dialoge wieder. Das Stück war in sich wieder für ihn nachvollziehbar geworden.

Klasse gemacht, Ralf.

Ralf hat nicht nur sein Ensemble, sondern auch das der Partnerin bei sich verändert. Dadurch hat er im wahrsten Sinne des Wortes, den Durchblick wieder hergestellt. Wichtig war, dass er das ausserhalb von sich, quasi in einem virtuellen Theaterstück, gemacht hatte.

In dem Coachingmeeting organisierten wir für ihn das *travelling* durch das umgeschriebene Stück. Er stellte sich auf die einzelnen Positionen seiner Spieler und erlebte die Rollen durch das Spiel. Er kam zu dem Schluss, dass die Rollen spannend und gleichzeitig harmonisch waren. Dieses Gefühl hatte er in sich aufgenommen, während er die einzelnen Rollen spielte. Er war von dem dissoziierten in den assoziierten Zustand gegangen.

Vielleicht möchten Sie den Raum auch in einer freien Struktur gestalten. Nutzen Sie als Orientierungspunkte die Gegebenheiten des Raumes, wie z.B. Distanz, Höhe, Gegenstände, Richtungen etc., und plazieren Sie Ihre Themen- und Figurenkarten. Benutzen Sie hierfür einen Zeitverlauf oder Begriffe aus den Orientierungsmustern. Sie können zusätzlich die Figuren benutzen, um Ihrem inneren Ausdruck Form zu verleihen.

tracking

figuring
picturing
chunking
associating

testing

LernNavigator
Orientierungs-
muster

travelling

Steuerungsfragen
Metaphern
König
Flösserprinzip
Geographie
Ensemble
Bagua

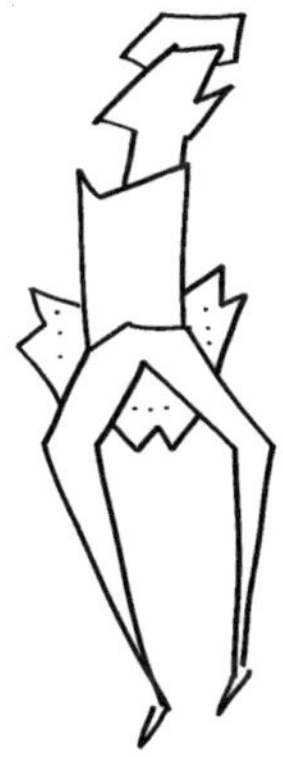

Ende einer Reise – Erlebnisprotokoll

tracking

figuring
picturing
chunking
associating

testing

LernNavigator
Orientierungs-
muster

travelling

Steuerungsfragen
Metaphern
König
Flösserprinzip
Geographie
Ensemble
Bagua

Hallo, wir sind zurück. Freuen Sie sich, denn im Moment ist nur das Buch zu Ende. Sie sind an einem Ort angekommen, an dem Sie genau wissen, dass Sie sich verändert haben und Lust auf neue Schritte und Experimente verspüren. Freuen sie sich auf viele Reisen, die noch folgen werden.

Sie haben mit der *Parallelen Assoziation®* gelernt, verschiedene Prozesse miteinander zu verweben. Vielleicht ist es spannend für Sie, den Prozess zu reflektieren.

Gestalten Sie, ähnlich einem Fotoalbum, ein Reise-Bagua. Belegen Sie die einzelnen Felder mit Themen Ihrer Erfahrungen und Ihres neuen Wissens. Verwenden Sie die Figuren, welche die einzelnen Themen besonders gut unterstützen.

Dia-Abend

tracking

figuring
picturing
chunking
associating

testing

LernNavigator
Orientierungs-
muster

travelling

Steuerungsfragen
Metaphern
König
Flösserprinzip
Geographie
Ensemble
Bagua

Ein klassischer Reiseabschluss ist immer noch der Dia-Abend im Kreise der Familie oder guter Freunde. Viele dieser Abende, das wissen Sie, sind lediglich für den Reisenden und Vorführer interessant. Familienmitglieder und Freunde erschrecken gleichermassen, wenn ein solches Ereignis mal wieder ansteht. Sie ahnen, dass sie spätestens nach dem 53. Bild den Kampf gegen Langeweile, Wärme, Alkohol und Müdigkeit verloren haben.

Das muss nicht sein. Bereiten sie an dieser Stelle einen Dia-Abend Ihrer Reise der anderen Art mit mind-tracking vor. Verwenden Sie dazu einen Strauss an Orientierungsmustern aus dem LERNNAVIGATOR®, ein Set unterschiedlicher Fragen, eine Menge guter Metaphern sowie die Strukturelemente des trackings. Dann werden die Familie und Ihr Freundeskreis begeistert sein und den nächsten Dia-Abend herbeisehnen.

body & mind geographing

tracking

Kompetenzgenerator	
Coach	1
Navigatormodell	1
Diamond	1
tracking	2
Bagua	2

planen

testing

Orientierungsmuster	2
LernNavigator.com	2
• LernSkillNavigator	2
• GolfNavigator	2
• BusinessNavigator	2
• VerkaufsNavigator	2

testen

travelling

1-4 Position	1
Umdeuten	1
Aikido	1
Navigator Modell	1+2
Energiemuster	1
Diamond	1
Steuerungsfragen	2
inneres Team	2
Metaphern	1+2
• König	2
• Geographie	2
• Ensemble	2
• Bagua	2

handeln

innen → aussen ⇄ aussen → innen ⇄ innen → aussen

1 = Coaching – Das Flösserprinzip
2 = body & mind geographing

Literatur

Die kursiven Anmerkungen sind Hinweise der Verfasser dieses Buches für die COACHING Anwendung.

Andreas, Connirae & Steve
Mit Herz und Verstand, Junfermann 1992
Eine Sammlung von Techniken für bestimmte Coachingthemen wie z. B. Wut, Furcht, etc. setzt Kenntnisse im NLP voraus.

Bandler, Richard, **Donner,** Paul
Die Schatztruhe - NLP im Verkauf
Junfermann 1995
Eine Sammlung von Möglichkeiten für das Verkaufscoaching.

Bandler, Richard, **Grinder**, John
Neue Wege der Kurzzeit-Therapie
Neuro-Linguistische Programme Junfermann 1983
Eine Seminarmitschrift, gut geeignet als Beginn einer intensiven Beschäftigung mit dem Neuro-Linguistischen Programmieren.

Bagley, Dan, **Reese,** Edward J.
Beyond Selling
Meta Publications, Cupertino 1987
deutsch: Die neue Dimension im Verkauf
Verlag für angewandte Kinesiologie 1990
Neue Möglichkeiten im Verkaufscoaching durch Anwendung von Orientierungsmustern mit Beispielen und Checklisten.

Berne, Eric
Was sagen Sie, nachdem Sie “Guten Tag” gesagt haben?
Kindler Verlag München 1975 ISBN 3-463021 927
In diesem Grundlagenbuch über die Transaktionsanalyse erfahren Sie mehr über Lebensskripte und Rollen.

Berry, Donna et.al.
Coaching For Results
HRD Press 1996
ISBN 0-87425-319-5
Einfacher Lehrgang über die Grundlagen des geschäftlichen Erfolgs.

Bosch /Hamboch/Knoerzer/Kubitzki
Top Arbeitgeber in Deutschland
Schäffer-Pötschel 1996 ISBN 3-7910-1115-4
43 Unternehmen werden in den Stärken der Mitarbeiterqualifizierung vorgestellt, ein wohltuender Überblick.

Buchner, Dietrich (Hrsg.)
NLP im Business, Gabler 1994
Business Konzepte für Führungs- und Visionsarbeit

Buchner, Dietrich (Hrsg.)
Businesscoaching, Gabler 1993
Anwendungsbeispiele von unterschiedlichen Coaches zum Coaching im Business

Bryner, Andy; **Markova,** Dawna
Die lernende Inteligenz, Junfermann Verlag 1997
ISBN 3-87387-341-9
Noch mehr AIKIDO und Leadership.

Buzan, **Tony**; **Buzan**, Barry
Das Mind-Map-Buch
mvg 1999
Eine gute und farbige Übersicht zu allen Themen des Mindmappings

Cameron-Bandler, Leslie; **Gordon,** Lebeau
Die Emprint Methode, Junfermann 1995
Ein neuerer Ansatz zur Organisation von Komplexität und Interventionsplanung im Coaching.

Charvet, Shelle Rose
Wort sei Dank. Junfermann 1998
Eine Übersicht mit Anwendungsmöglichkeiten von effektiven Sprachmustern

Covey, Stephen R.
First Things First, Simon & Schuster 1994
ISBN 0-671-86441-6
Eine Sammlung von Möglichkeiten, sich besser zu organisieren. Bietet Hilfen in Coachingsituationen mit dem Thema Selbstorganisation.

Czichos, Reiner
Coaching = Leistung durch Führung
Ernst Reinhardt Verlag München/Basel
ISBN 3-497-01363-3
Eine Aufzählung möglicher Coachinginterventionen, als Nachschlagewerk geeignet.

Dilts, Robert B.
Changing belief systems with NLP
Meta Publications, Cupertino 1990
deutsch: Veränderung von Glaubenssystem, Junfermann 1992
Gibt viele Hinweise für den Umgang mit Grundüberzeugungen. Zur Anwendung der gezeigten Techniken ist NLP Erfahrung von Vorteil.

Dilts, Robert B.
Modeling mit NLP, Junfermann 1999
Zeigt Vorgehensweisen im Modeling. Verschiedne Modelle werden beschrieben, auch eine kleine Übersicht zu den Orientierungsmustern

Dilts, Robert B.
Einstein – geniale Denkstrukturen & NLP, Junfermann 1992
Eine Quelle intelligenter Denkstrategien, die dem Leser, der Leserin neue Anregungen für ungewöhnliche Interventionen gibt.

Dilts, Robert B.; **Epstein**, Todd; **Dilts**, Robert W.
Know how für Träumer - Strategien der Kreativität, Junfermann 1995

Dilts, Robert B.; **Bandler**, Richard; **Grinder**, John
Strukturen subjektiver Erfahrungen – Ihre Erforschung und Veränderung durch NLP
Junfermann 1991
Eine grundlegende Einführung in die Arbeit mit Denk- und Handlungsstrategien nach NLP Gesichtspunkten. Viel Material zur Schulung der Aufmerksamkeit im Coaching.

Erickson, Milton H.; **Rossi**, Ernest L.
Hypnotherapie
Pfeiffer 1989
Ein Türöffner in die Welt des Unbewussten. Hier werden Prinzipien für die Kommunikation mit unbewussten Aspekten dargestellt.

Erikson, Erik H.
Kindheit und Gesellschaft
Klett-Cotta 1999 ISBN 3-608-942212-2
Eine analytische Darstellung menschlicher Entwicklungsgeschichte. Eignet sich zur Vertiefung der im vorliegenden Buch angesprochenen Themen.

Eyerer, Peter
TheoPrax, Bausteine für Lernende Organisationen
Klett-Cotta Verlag, 2000, ISBN 3-608-91012-3
Viel wissen und viel können statt viel wissen und nichts können

Farrelly, Frank
Playing the devil's advocate
Rössler Verlag, Konstanz,1989, ISBN 3-9802314-0-2
Farrelly's provokativer Ansatz ist eine unentbehrliche Fähigkeit im Coaching, ohne Lachen und Herzlichkeit geht nichts.

Foerster, Heinz von
KybernEthik
Merve Verlag Berlin, 1993, ISBN 3-88396-111-6
Grundlage und Zukunft neuerer Kommunikationsansätze, ein Entwicklungsbild für Coaching überhaupt.

Forster, Bill; **Seeker**, Karen R.
Coaching For Peak Employee Performance
R. Cahng Ass 1997, ISBN 1-883553-61-X
Diagnose, Verbesserung und Feedback, mit vielen Arbeitsblättern zum Selbststudium.

Fries, Gerhard
Der erleuchtete Bio-Computer
Junfermann 1991
Ein Übungs- und Einführungsbuch in das Gebiet des NLP

Gardner, Howard
Frames of Mind The Theory of Multiple Intelligences, Basic Books, 1983
ISBN 0-46-02509-9
Die These, dass unterschiedliche Intelligenzen einer unterschiedlichen Würdigung beürfen, hilft im Coaching. Interessant ist auch die Definition unterschiedlichen Lernverhaltens.

Hajos, Anton
Eihnführung in die Wahrnehmungspsychologie
Wissenschaftliche Buchgesellschaft Darmastadt
ISBN 3-534-07740-7
Eine wichtige Grundlagesammlung zur Funktion unserer Sinne.

Hendricks, William (Hrsg.)
Coaching, Mentoring and Managing, Career Press 1996
ISBN 1-56414-243-4
Fallstudien und Hinweise für die Arbeit mit Teams. Einfache und grundsätzliche Hinweise.

James, Tad
Time Coaching, Junfermann, 1993
Stellt das NLP der Zeitlinienarbeit vor und zeigt Möglichkeiten, unterschiedliche individuelle Zeitstrukturen zu bearbeiten.

Jerome, Paul J.
Coaching Through Effective Feedback, R. Chang Ass., 1994
ISBN 1-883553-50-4
Grundlegendes über Feedbackprozesse und deren Nutzung im Unternehmen.

Jost, Hans Rudolf
Der Change Navigator, A & O des Wissens 1998
ISBN 3-905327-04-X
Eine sehr schöne Unterstützung zum Aufbau neuer Unternehmungskulturen, die im Wandel leben möchten und können. Ist- und Soll-Bestimmung kultureller Strömungen in der Businesswelt unserer Zeit.

Gilley, Jerry W.; **Boughton**, Nathaniel W.
Stop Managing, Start Coaching! McGraw Hill 1996
ISBN 0-7863-0456-1
Das Buch zeigt, was alles falsch gemacht werden kann und listet Gesetze des Coachings auf.

Kaehr, Rudolf
Zur Logik der "Second Order Cybernetics"
Von den Laws of Form zur Logik der Refelexionsform. In Kalkül der Form
stw 1068, Suhrkamp Verlag 1993
Mehr zu diesen transklassischen Ansätzen des Denkens in www.techno.net/pcl/rk

Kinlaw, Denis
Coaching: The ASTD Trainer's Sourcebook, McGraw-Hill 1996
ISBN 0-07-053443-8
Vorbereitungsmaterial für einen Coachingworkshop

Laborde, Genie Z.
Influencing with Integrity - Management Skills for communication and negotiation
Syntony Publishing, Palo Alto 1983, 1987
deutsch: Kompetenz und Integrität, Junfermann 1990
Ein ansprechendes Übungsbuch für die Grundlagen der zwischenmenschlichen Kommunikation.

Markova, Dawna
Die Entdeckung des Möglichen, VAK Verkag Freiburg 1993
Dieses Buch zeigt die vielen Möglichkeiten, Kreativität durch den Gebrauch der Sinne zu fördern. Beispiele und Hinweise dafür, wie wichtig und hilfreich sinnliche Aufmerksamkeit im Coaching sein kann.

Mast, Karl
Kommunikation in weiss – NLP für Ärzte und Heilberufe, Junfermann 1995
Ein Anwendungsbuch neuer Kommunikationsprinzipien für helfende Berufe, Ärzte und Menschen in der Betreuungsarbeit.

Mc Master, Michael D.
Performance Management Creating the conditions for results
Metamorphous Press, Portland 1986
Eine Sammlung unterschiedlicher Techniken, die helfen, persönliche Wirksamkeit zu erhöhen.

Mc Master, Michael; **Grinder**, John
Precision, Metamorphous 1993
ISBN 1-55552-049-9
Zeigt sprachliche Möglichkeiten für Coaching Interventionen. Klares Konzept des Vorgehens und Fallbeispiele.

O'Connor, Joseph
Neurolinguistisches Programmieren
Sammlung grundlegender Techniken des NLP.

Oakley /Krug
Enlightened Leadership, Simon & Schuster NY
ISBN 0-671-86674-5
Ein schöner Lehrgang über die Kunst, den Fokus zu verändern

Peseschkian, Nossrat
Der Kaufmann und der Papagei, Fischer TB Frankfurt 1979
ISBN 3-596-23300-3
Lernen Sie Geschichten hören und erzählen, das sind Grundvoraussetzungen für ein gutes Coaching.

Peterson, Dacid B.; **Hicks**, Mary Dee
Leader As Coach, Personal Dec.Int.Corp
ISBN 0-938529-14-5
Es werden 5 grundlegende Coachingstrategien wie Partnerschaft, Mitverpflichtung, Orientierung auf Fähigkeiten etc. näher dargelegt.

Peter, Burkhard (Hrsg.); H. Erickson, Pfeiffer
Hypnose und Hypnotherapie nach Milton, 1985
Zeigt grundlegende Prinzipen der Hypnotherapie. Für den Coach auf Grund der Entwicklung von systemischen Betrachtungsperspektiven interessant.

Robbins, Anthony
Grenzenlose Energie - Das Power Prinzip
Heyne Taschenbuch 1993
Motivation und Anregung zur eigenen Lebensplanung.

Robinson, John
Coach To Coach, Pfeiffer & Co 1996
ISBN 0-89384-274-5
Zeigt die Herkunft und Entwicklung des Coaching Begriffes aus dem amerikanischen Football.

Roth, Gerhard
Das Gehirn und seine Wirklichkeit, Suhrkamp stw 1275
Grundlagenliteratur zur Verknüpfung von Geist/Bewusstsein und Gehirn, eine schöne Einführung in die Existenz unbewusster Prozesse.

Sator, Günther
Feng Shui am Arbeitsplatz, Signum-Verlag 1999
Eine Zusammenstellung der Prinzipien des Feng Shui mit der besonderen Anwendung auf den Arbeitsplatz

Schulz von Thun, Friedemann
Miteinander reden 3. Rowohlt 1998
Eine Darstellung der Metapher des inneren Teams.

Senge, Peter M.
Die fünfte Disziplin, Die lernende Organisation. Klett-Cotta 1990
Lernen findet überall in uns statt, es wäre gut, wir würden es auch in unseren Organisationen schätzen.

Shazer, Steve de
Muster familietherapeutischer Kurzzeittherapie
Junfermann Verlag, 1992, ISBN 3-87387-059-2
Shazers Kurzzeit Muster sind das Fortbildungsmaterial des Coaches.

Simon, Fritz B.
Die Kunst, nicht zu lernen, Carl-Auer-Systeme 1997
Denkenswerte Paradoxien, eine Fundgrube für Excellenz und Kreativität im Coaching.

Spitzer, Manfred
Geist im Netz – Modelle für Lernen, Denken und Handeln,*alle Visualisierungselemente*
Spektrum Verlag 2000
ISBN 3-8274-0572-6
Eine Darstellung neuerer Forschungsergebnisse zur Hirn- und Nervenfunktion. Ein Baustein zum Verständnis menschlicher Funktionen.

Stowasser / Kraus
Jammern – aber richtig! Eine Anleitung
A & O des Wissens 1999
ISBN 3-905327-08-2
Ein Hilfsprogramm für ganz schwierige Coachingfälle

Stowasser / Thumm
Coaching – das Flösserprinzip,
A & O des Wissens 1999
ISBN 3-905327-06-6
Eine faszinierende Reise durch die Möglichkeiten des Coachings. Grundlage für den vorliegenden Band.

Thumm, Dr. Hans-Georg
Motivation, A & O des Wissens 1999
ISBN 3-905327-09-0
Ich freue mich wenn es regnet, denn wenn ich mich nicht freue, regnet es trotzdem!. Motivation pur auf CD.

Trenkle, Bernhard
Das HaHandbuch der Psychotherapie, Carl-Auer-Systeme, 1994
ISBN 3-927809-32-2
Ein Coaching, in dem es nichts zu lachen gibt, ist vielleicht nicht ganz wertlos, aber...

Ulsamer, Berthold
Exzellente Kommunikation mit NLP, Gabal 1991
Leicht verständlicher Einstieg ins NLP.

van Nagel, Clint; **Siudzinski**, Robert; **Reese**, Edward J.; **Reese**, Maryann
Megateaching and Learning Neurolinguistic Programming applied to education
deutsch: Neurolinguistisches Programmieren in Unterricht und Erziehung
VAK Verlag Freiburg 1989
Neue didaktische Möglichkeiten in Unterricht und Erwachsenenbildung.

Yalom, Irvin D.
Gruppenpsychotherapie
Pfeiffer 1999 Leben lernen 66
ISBN 3-608-89624-4
Eine umfassende Darstellung der Kommunikation in Gruppen. Mit Skalierungen und Diskussion therapeutischer Interventionen. Geht weit über die Möglichkeiten des Coaches hinaus und zeigt gerade deshalb Entwicklungsrichtungen auf.

BEST CONSULT **IT-Systeme**

Die BEST CONSULT wurde 1990 gegründet und präsentiert sich heute als kompetentes Unternehmen in den IT-Bereichen

- Internet-Solutions -- Webdesign
- Dokumenten- und Workflowmanagement
- Consulting
- Anwendungsentwicklung

Als erfahrener Lösungsanbieter offerieren wir alle Dienstleistungen von der Beratung über Programmierung, Installation und Schulung. Es steht ein now-how zu Ihrer Verfügung, das es ermöglicht, die Anforderungen in erfolgreiche Lösungen umzusetzen.

WAS SIND UNSERE SCHWERPUNKTE?
Erfahrungs- und erlebnisorientierte Trainings
Team- und Führungskräftetrainings
Kundenorientierungsseminare
Verkaufstrainings
Servicetrainings (Training on the job)
Coaching
Unterstützung von Change Management Prozessen
Train the Trainer im erlebnisorientiertem Bereich
Großgruppentrainings
etc.
"Wer sich an den Startplatz wagt
und zu laufen beginnt,
dem wird der Weg
unter die Füsse gelegt"
(Silvia Habedank)
... oder
Sie sind nicht nur für das verantwortlich
was Sie tun, sondern auch für das,
was Sie nicht tun.
... deshalb
Rufen Sie uns an!
Wir freuen uns
Siebert & Tisch Consulting GmbH
Wächtersbacherstr. 74
D-60386 Frankfurt/Main
Tel.: +49 69 94219383
Fax: +49 69 94219382
email: office@siebert-tisch.com
Internet: www.siebert-tisch.com

Der Ort für Ihre Kreativtreffen...

Kommunikation ist wichtig. Mit dem Tagungshaus Löwen in Gresgen haben Sie einen Ort gefunden, der Ihre Entfaltung fördert! Sie tagen inmitten einer idyllischen und ruhigen Schwarzwald-Landschaft abseits der Touristik, umgeben von einem wunderschönen Park. Ihre Teilnehmer haben eine relativ kurze Anreise und sind hier auf 740 m Höhe in einer freien und kreativen Atmosphäre.

Wir sind selbst erfahrene Seminarveranstalter und berücksichtigen die sensiblen Teilnehmerbedürfnisse. Rufen Sie uns doch an, faxen Sie uns oder kommunizieren Sie über die Homepage www.think-seminars.com mit uns bevor Sie buchen, damit wir Ihre individuellen Wünsche besprechen können.

Guter Seminartransfer beginnt im Seminar selbst. So erscheint es uns wichtig, dass Seminarinhalt, Semniarräume, Küche, Unterkunft und Seminarort ein harmonisches Ganzes bilden. Kommunikationsseminare zeigen dann nachhaltige Wirkung, wenn sich Teilnehmer und Trainer auch in Pausen und am Abend am Seminarhaus und an der Hotelorganisation erfreuen.

THINK

Neue Denkansätze und Strategien, ...

„Wir brauchen Menschen, die sich vom Geist des Delphi Prinzips begeistern lassen und so ihren einzigartigen Beitrag leisten."
Mag. Marina Bösch, Management Zentrum, St. Gallen

Claudio Weiss
Das Delphi Prinzip - Wissen und Werte in uns
440 Seiten, Geb.
DM 98,- Fr. 89.- ÖS 715,-
3-905327-03-1

„Jost zeigt, wie der permanente Prozess des Wandels gestaltet werden kann und welche Möglichkeiten wir mit den Mitteln der Kommunikation haben."
Elmar Ledergerber, Stadtrat Zürich

Hans Rudolf Jost
Komplexitäts-Fitness/CompleXellence dt.-engl.
352 Seiten, Geb.
DM 108,- Fr. 94.- ÖS 715,-
3-905327-11-2

„Die von einer Fusion betroffenen Mitarbeiter sollen sich öffnen für die Chancen... Im Mittelpunkt stehen die weichen Faktoren der Mitarbeiterführung."
Wirtschaft und Weiterbildung

Hrsg. Beat Honegger/ Wolfgang Ahrendt
Visionen für Fusionen 1 + 1 = ? Ein Prozessbegleiter
250 Seiten, zahlreiche Abb.
SFr. 80.-, DM 90,-, ÖS 657,-
ISBN 3-905327-12-0

„Interessant sind vor allem die Einblicke, die dieses Werk in die Praxis gewährt... . Das Buch liefert eine Vielzahl von Anregungen und eröffnet tiefe Einblicke in verschiedene Branchen. Eine kurzweilige Lektüre."
ECO (Gablers Magazin)

Hrsg. Reiner Neumann / Johann Vollath
Corporate University
Strategische Unternehmensentwicklung durch massgeschneidertes Lernen.196 Seiten, Halbleinen, geb.,
SFr. 80.-, DM 90,-, ÖS 657,-
ISBN 3-905327-14-7

Kreativität und Praxisbezug ...

Jammern, mit der richtigen Technik eingesetzt, bringt Sie schnell und effektiv an Ihr Ziel. Diese praktische Anleitung befähigt Sie, Ihre Jammerfähigkeit so zu entwickeln, dass Sie jederzeit und an jedem Ort in der Lage sind, Ihre Umgebung mit Ihrer Jämmerlichkeit zu beeindrucken.

Franz Stowasser, Rudolf Kraus
Jammern, aber richtig! Eine Anleitung
96 Seiten, geb., mit zahlreichen Abb. und einem Jammergenarator zum Selberbasteln
Fr./DM 29,80, ÖS 218,00
ISBN 3-905327-08-2

„Auf einen solchen Ratgeber hat die Direktmarketing-Branche schon lange gewartet."
Prof. Siegfried Vögele

Christian Huldi/ Holger Kuhfuß
Ratgeber Databasemarketing
155 Seiten mit zahlreichen Checklisten, brosch.
DM 78,- Fr. 68,- ÖS 558,-
3-905327-05-8

für beständigen Erfolg
im Verlag A & O des Wissens

A & O des Wissens, Postfach, 8034 Zürich Tel. ++41 (0)1 382 24 55 Fax++41 (0)1 382 24 53
Email: aundo-des-wissens@aundo-des-wissens.com http://www.aundo-des-wissens.com

BestSeller – Erfolg ist freiwillig!

Verkaufen soll Spass machen, das ist die Devise von Werner Berger. Alle für aktive Verkäufer und Verkäuferinnen relevanten Themen und Techniken werden in diesem Handbuch abgehandelt. Es hilft faire Verkaufserfolge zu erzielen, die für Kunden und Verkäufer gewinnbringend sind.

„Keine Allerweltstheorien, sondern prägnante Tipps und Aussagen,
wie sie im Alltag zu gebrauchen sind."
Eugen DaPra, Verkaufs- und Marketingleiter, Georg Fischer Haustechnik AG

Die Autoren

Werner Berger

seine 20-jährige Praxiserfahrung reicht von Verbrauchsgüter- bis zum Investitionsgüter-Marketing. Er eignete sich seine Erfahrungen in diversen Unternehmungen im In- und Ausland als Verkäufer, Verkaufs- und Vertriebsleiter an. Er ist Inhaber der W.-Berger Unternehmensberatung

Victor Scheitlin

ist seit über 35 Jahren als Verkäufer, Verkaufsleiter und Berater im Bereich Verkauf tätig. Er ist Autor zahlreicher, erfolgreicher Bücher und weiterer Lehrmedien zu eben diesem Thema.

Bestellschein für den ermässigten Zugang zum LernSkillNavigator.com

Bitte ausschneiden und Originalseite einsenden.

Ich bestelle den Zugang zum Preis von **Fr. /DEM 49.- statt 199.00.**

Ich erhalte nach Ausfüllen des LernSkillNavigators eine ausführliche Auswertung zu meinem Lernverhalten.

Meine Anschrift:

Name: ______________________________

Vorname: ______________________________

Firma: ______________________________

Strasse: ______________________________

PLZ, Ort: ______________________________

Tel.: ______________________________

Fax: ______________________________

Email: ______________________________

Bitte einsenden an:

BestConsult AG
Baslerstrasse 115a
D-79115 Freiburg